買一間
會增值的房子

8個買房賺房公式
一次公開！

買一間會增值的房子

House 達人

邱愛莉 著

從 Street Smart 到 Book Smart 的房地產教戰守則

■ **紅色子房** 知名房地產專欄作家，現任外商房地產投資顧問，香港私募基金董事

　　美國人講一個人聰明，會說他是 Book Smart 或者是 Street Smart。我有許多屬於 Book Smart 的朋友，從小唸書優秀，名校畢業，有財經博士、建築系教授、工程顧問等等。我也有許多屬於 Street Smart 的朋友，從小就在街頭工地做生意，有建商老闆、業務高手、工地師傅等等。跟 Book Smart 的人在一起，條理分明，辯證有物，可從言談整理出有系統的思緒。跟 Street Smart 的人在一起，有如參與一場場精彩的冒險，從彼此經驗交流中，找到有價值的應證與傳承。

　　然而愛莉的聰明，是我朋友中少數兼具 Book Smart 與 Street Smart 的奇女子。年紀輕輕就做了外商產品經理，用熱情與加倍努力成為科技新貴。隨著偶然的房地產投資機會，開啟了她的財商，並且發掘出她對房地產的熱愛，進而「跨界」創業成立 House123，創新以「買方經紀」模式帶領大家以「團購」的方式買房議價，並整理出實用的「購屋錦囊課程」，以體驗與模擬方式幫助廣大的買房消費者。大家也許覺得她外表光鮮亮麗，殊不知她也是歷經協助家中債務清償，在短期內強迫自己投資獲利的壓力，因而練就一身看房投資好工夫。同時，藉由愛莉來自科技業經理人的聰明頭腦，迅速整理出買房決策過程中的關鍵法則，並且用淺顯易懂的文字與實例，創作出讓讀者得以快速融會貫通房地產教戰守則。

　　若用一句話形容，我覺得這本書的「實用度」百分之百！

　　很高興愛莉的 Street Smart，成功整合到這本 Book Smart。

　　由衷推薦，給最 Smart 的讀者。

買到夢想中的
黃金屋

■ **夏韻芬** 知名理財作家、節目主持人

　　本書作者愛莉是我在中廣主持「理財生活通」節目的來賓，當時請她來分享一手創立的網站House123以及揪團買房的商業模式，對她印象非常鮮明，因為她很年輕，已經把房地產當成穩定的理財工具，此次由她的書稿中，看到她由門外漢，一路研究、學習到現在進入教學階段，不但有房子安居樂業，還可以收租、創造資本利得，充分享受財富自由，她的學習過程值得跟年輕人分享。

　　房地產向來是年輕人難度最高的投資工具，資金門檻高，專業的土地、建物的學問更是大，近幾年房價所得比高得嚇人，分析房價高漲主要原因包括政府降低贈遺稅、推動海外OBU，吸引海外資金大舉回台購屋置產，推升需求；再加上土地供給嚴重緊縮，台灣經濟不佳、薪水停滯，年輕人若沒有富爸爸、媽媽相助，大多數的人只能「望屋興嘆」。

　　就在本書邀序之際，內政部營建署公布新版「房價所得比」統計結果，2013年第四季全國房價所得比為8.37倍，其中台北市房價所得比高達15.01倍，貸款負擔率63.37％，為亞洲四小龍最高。這也意味，即使民眾將全家薪水拿去付房貸，也需要15年「不吃不喝」才能擁有一間房子。 值得注意的是，營建署發布「2013年第4季全國及縣市房價負擔能力指標」，不同於之前採問卷抽樣調查，此次以實價登錄資料、還有財政部個人所得數據計算而成，準確度更高。

　　調查顯示，除了台北市15.01倍最高，新北市則以12.6倍緊追在後。貸款負擔率台北市高達63％，新北市53％，也就是房貸支出占雙北家庭月所得逾半。比較令人意外的是，離島的澎湖竟然房價所得比也有8.6倍，是排第3縣市。買房子相對輕鬆的縣市則是屏東縣與基隆市，貸款負擔率分別只有19.05％與20.42％，房價所得比僅4.51倍與4.84倍。

依照美國顧問業者Demographia調查，2013年第3季全球大都會中，以香港房價所得比14.9倍最高，如此台北市已名列世界第一，新北市為第三。房價所得比，是指房屋總價是家庭年所得的倍數，也就是一個家庭須花上多少年不吃不喝才買得起房屋的指標。

　　新版房價所得比＝中位數房屋總價／戶年可支所得中位數，數值越高代表扛房貸壓力愈重。據世界銀行定義及央行所說，房價所得比5倍，才是合理負擔，顯然雙北已遠遠超過合理範圍。

　　目前北京、上海房價所得比與貸款負擔都高過台北，所以就算台北不是世界排名第一，但確實是亞洲四小龍負擔最重的。

　　對於高房價、爛經濟，年輕人只能在原地踏步、束手無策，還是要正視現實、找到出路？我建議大家，不需要再討論「誰對不起誰」或是癡癡等待房價跳樓大拍賣，建議你好好花時間研究此書，就算不是為了晉升富裕階層，至少要堅信人生無法重來，必須活在當下！期待大家都能擁有心目中的好宅或是黃金屋。

購屋前必須先了解的
技巧、心法

■ **莊孟翰** 淡江大學產業經濟系副教授

　　多年來愛莉總是熱心協助年輕人購屋置產，2012年下半她們公司舉辦了一場「洲子洋鬼月揪團看屋」活動，邀請我擔任房地產趨勢分析並講解年輕人購屋必備相關資訊，那時洲子洋重劃區尚未成為房市焦點話題，咸少媒體報導，對於她沒有相關背景卻能有這樣的區域發展遠景之洞見感到相當吃驚。活動結束之後簡短的閒聊她發起此一活動之動機，對於她創立房地產平台，希望幫助年輕人能更容易買得起房子的理念，印象相當深刻。

　　在當前一般民眾對於台灣房市景氣認知，不僅政策動向混沌未明，更存在著層層隱憂，導致信心普遍不足，在無力買房之情況下，國人之購屋痛苦指數愈來愈高，市場長期供需失衡的結果，民怨始終居高不下。但這樣的購屋痛苦並沒有在愛莉身上發生，三十出頭的年輕人，已有多次買屋賣屋的經驗，還完整地寫出購屋教戰守則，這初衷源自她想要協助解決一般民眾信心與資訊不對稱的問題，很難得看到一本書架構清楚、條理分明的把中古屋、預售屋，各類的買房技巧，系統化的分門別類說明。就像我之前曾受邀房市論戰所提出的觀點：支撐一般住宅房價最主要的就是交通系統、生活機能與良好學區。想買房子，有能力支付的人，看到好房子，在房價開始鬆動下，就努力議價購入，如果預售屋買不起，就買中古屋，而沒能力買的人可以先以租取代買房。

　　本書所提出的觀點主要在於「安居樂業」、「住者有其屋，資者有其利」，愛莉分享了過往的一些買屋心得與議價心法，而非一般的投資套利，短進短出，很務實地教大家如何去評估行情與需求。

　　台灣房地產市場供給大於需求係長期存在不爭之事實，惟不論未來房價是上漲，還是下修，購屋行為將會更趨理性，首購族或即使是有購屋經驗者，如能確實深入理解這些技巧心法與知識，必定對於購屋決策有所助益。

關於「房事」的
終極懶人包！

■ **許耀仁** 《零阻力的黃金人生》作者
譯有《失落的致富經典》、《和諧財富》、《財富金鑰系統》等暢銷作品
現任零阻力（股）公司總經理

你聽過「愚蠢稅（Stupidity Tax）」嗎？

當你在教育與資訊不足的狀況下，做了後續結果證明是錯誤的決定時，所付出的額外代價就叫作「愚蠢稅」。

你當然也可以用比較正面思考的方式說這叫做「繳學費」，不過我想將之稱為「愚蠢稅」，會比較能激勵人去做些什麼來避免犯這種錯誤……畢竟沒有人會想要當傻瓜。

尤其談到關於你的「房事」時，只要繳一次愚蠢稅，可能就會讓你大傷元氣，久久難以復原。

這是因為不管你是要自住還是要投資，買賣房子這件事對絕大多數人來說，可能都是一生中數一數二的重大決定，如果在過程中的任何一個環結稍有不慎、或因為一時腦充血而做了錯誤決定，往往會讓你不僅損失金錢，還要賠上心靈的平靜。

好消息是，要避免愚蠢稅並不困難（比起要避中華民國的萬萬稅簡單多了），而現在你手上的就是這樣的一個機會。

記得多年前，我的一位導師教了我一個重要觀念。他說：

「要成為一個領域的專家很簡單，你只要對那個領域瞭解的比70%的人多就可以了。」

在你要出手買賣房子之前，如果對房地產的了解能有像這裡講的專家程度，自然就能避免愚蠢稅的發生。

而要做到這一點，你當然可以從現在開始自己去尋找、收集、研究與消化吸收這個主題的資訊；不過，我的這位導師教了另外一個更聰明的作法。

他說：「你只要找到這個領域最Top的三本書，然後把它們讀得滾瓜爛熟就行了。」

在我閱讀這本書的過程中，三不五時浮現在腦海裡的想法是：「這可說是關於房地產的終極懶人包了！」

不管是打算要自住還是投資，本書中不但涵蓋了幾乎所有需要知道的面向，同時還以許多實例與淺顯易懂的方式讓你輕鬆瞭解這些重要資訊……。

我自己會把這本書列為「房地產」這個主題的Top 3書單之一，而且我也會強烈建議你也這麼做！

如果你不會想在繳了一筆昂貴的愚蠢稅之後再來「千金難買早知道」，那麼你就應該立刻做這筆相較起來微不足道的投資，把這本書帶回去好好研讀。

然後，把這本書放在書架上容易拿到的地方，在你要做任何跟房地產有關的決定之前，記得回頭先查查書裡的資訊與作者給你的相關建議。

只要你願意這樣做，相信光是省下的愚蠢稅，就會讓你有滿意的投資報酬率！

房市是戰場，
你需要更強的武器

■ **張家銘** 雋永 R 不動產 創辦人

擁有是浪漫的，交易是血腥的。

貸款是痛苦的，漲跌是未知的。

經驗是寶貴的，風險是存在的。

每個人對自己理想的空間總有各種數不清的憧憬，你很清楚圓夢是辛苦的，當圓夢之前你需要在這個市場裡花大把的時間並且跟所有的資訊浴血奮戰。如果你很享受血戰之後的成果並且承擔風險，那你應該是個流著冒險血液的投資者，又或者，你只想要安身立命擁有一個殼便足矣。不論哪一種，你必須清楚：自住與投資是一線之隔，甚至會是同一件事。

因為人生存在許多未知與可能，你很難預測你跟房子未來的關係會是如何，所以，你唯一能做的事就是吸收多元的不動產知識。購(租)屋是所有身在台灣社會每個人都必須面對的課題，與其保持距離當埋頭的鴕鳥，不如挺身面對，吸收廣納百川的多元知識。愛莉這本書將自己的血淚經驗化成文字，對於空手但想入戰場的人，肯定會有所幫助。

願本書成為刀劍，引領所有人在房市戰場中安然賦歸。

從 -400萬變成3000萬，資產大翻轉的秘密

■ **邱愛莉** House123 董事暨執行長

鄉下小孩台北打拚，努力賺第一桶金

跟很多中南部小孩一樣，十四年前我從彰化北上到台北讀書後，從此就在台北工作、結婚、定居。多年前剛上台北時，對一切都覺得很生澀，大學四年，我一直都是個很安靜的女生，很安份的乖乖念書，沒有什麼玩樂生活，一心想著趕快畢業後就可以靠自己賺錢了。

大學畢業後，進入台商從國外業務助理開始做起，然後轉到國外業務、再到外商擔任約聘業務，一直到工作第四年，我從約聘業務升為正職的經理（那時候從來沒有想過有一天，我會踏進房地產業……）。每一份工作我都很拚，開始工作賺錢的感覺讓我很興奮，我想辦法壓縮職場上的學習時間，當然也是不服輸的個性使然，每天都加班到很晚，常常趕最後一班捷運，後來乾脆騎機車，節省通勤時間。

在某外商公司，當我剛當產品經理時，每個業務幾乎都大我10歲，平均的業界經驗都在6年以上，還有已經做了十幾年的資深業務。他們非常不理解為什麼主管讓25歲的我就當PM，我憑什麼？他們很直接，跑去問我主管這些問題。那段時間我曾不曉得如何自處，業務們都不理我。然而我主管告訴我：「那是一定的呀！妳當初申請這個職位，不是就應該知道了嗎？妳要得到他們的信任本來就需要時間，妳要做給他們看，讓他們相信妳的能力。」

接下來的幾個月，我每天睡不到三個小時，周末也都在工作，研究自己家的產品、競爭者的產品，看業務們的報表，想了解他們的需求。每個禮拜我都把產品的優勢和可用資料整理給業務參考，他們的業務會議我都進去聽，並給意見，交代的事也都確實追蹤，完整落實。一個月後，一個資深的業務對我說：「妳很認真，希望妳能好好加油！」三個月後，開始有業務會來跟我討論產品，討論客戶的需求和競爭者出什麼招，也開始會帶我一起拜訪客戶。慢慢地，業績開始有點起色，我也領了亞太區的獎，士氣大增。

也因為這樣，我的薪水從出社會時的月薪2萬8，隨著工作不斷調整，到年薪約150萬。工作職務的轉換過程是一條很陡的學習曲線，代表每一份工作的挑戰，我感謝每一段歷練讓我壓縮成長的時間，讓我累積經驗，也增加了我的抗壓性，更棒的是讓我開始累積一些存款。

400多萬的債務，讓我一夜長大

就在工作漸上軌道時，2006年8月有一天，我接到家裡的電話，得知家人因股票投資損失負債。一開始以為是100多萬，後來又發現有80萬、50萬……好幾筆，負債的洞越來越大。我連夜坐夜車趕回家，回到家已經半夜三點多，我要求全家人在客廳等我，通通不准睡，把所有的帳單全部攤開來看，才知道所有的款項加起來有400多萬！

這筆金額對當時的我來說不是小數目，那時台灣正好經歷了卡債風暴，有債務協商機制，討論之後，我們申請債務協商，整合所有銀行債務，並把當時的存款大約70幾萬拿去將不能整合的先還掉。剩下的金額整合後每個月大約要還3萬，加上車貸每個月1萬，總共4萬。

因為爸媽還有工作，每個月約有5萬～6萬收入，付完生活費、還沒到期的保險費後，剩下約還不足2萬，因此每個月由我協助償還3萬元。每逢過

年過節再包8萬、10萬給爸媽。爸媽將每個月的結餘約1萬元、到期贖回的保單30萬、我的紅包錢化零為整，陸續提前先繳約100多萬，債務整合的還款期限從10年縮短為7年，也順利還完車貸。

當時面對這樣的債務狀況，我有許多情緒，心裡也會憤恨不平覺得賺的錢竟然都在還債，但是回頭看，很慶幸發生時我剛好工作升遷，這個債務沒有大到讓我們負擔不了，也很慶幸在我剛出社會時就教了我一課，讓我提早面對理財的重要性。

學習房地產，打開了我的財務智商

雖然那時每個月要協助家裡償還債務，但由於工作已漸上軌道，收入還算不錯，加上每半年都有獎金，扣掉每個月協助家裡的款項後，我還有存款可以進行投資。我學習過基金、股票、期貨，卻始終上上下下，不得其門而入。有一天，因為好朋友的邀約，開始接觸房地產，重新開啟了我的財務智商。

我們彼此開書單，認真的看書，也相約去上了一些房地產的課，更重要的是，我們開始勤勞的看屋、認真做功課，累積對區域行情的認識。那時的我，每天下班就約好仲介，安排去看房子，周末一有空可以一整天看7～8間房子。

因為個性保守，在獨資進場之前，我先和朋友合資，陸續合買了一間預售屋、兩間公寓隔套房收租、一間中古華廈整層收租，一方面強迫自己儲蓄，一方面培養自己的經驗和膽量。在合資的過程中，我第一次體驗到收租金的感覺，也讓我興起想要獨資買一間房子隔套房給媽媽收租的念頭。從國小畢業後就一直工作的她，辛苦了40幾年，就算我多給她生活費她也不敢退休，因為她覺得那是我的錢。為了能讓媽媽退休，獨資買一間隔套房讓媽

媽收租的想法就愈加堅定。

　　我將設定的物件條件提供給仲介，請他們幫我留意合適的物件。終於，三年多前的某一個星期五傍晚，我收到一位熟悉仲介的簡訊，細心的他幫我準備了試算表，連未來隔套房的建議都用Google的Floorplanner軟體幫我畫好格局。30年左右的公寓，3樓的黃金樓層，權狀約38坪，地點是在我出社會後第一份工作的中和遠東ABC園區附近。因為過去曾經在那一帶工作兩年，也有租屋的經驗，因此我回電約了隔天早上10點看屋。看完之後很喜歡，中午下了斡旋出價680萬，沒想到下午1點半屋主出來議價，期間的3個小時我僅加價10萬，4點半就簽約了，從看屋到簽約不過六個半小時！在房價已高的那個時間點，我以一坪僅18.2萬買到第一間獨資的黃金屋！

隔套收租，開始當起包租婆

　　買到房子時，我開心的打電話給當時常一起看屋的好朋友，他聽了我買到的價格，直呼好便宜。他問我：「是不是工業用地？」我說：「不是不是，是住宅用地，我有確認謄本！」

　　這是我第一間獨資買下的房子，花了近180萬裝修之後，隔成5間寬敞的大套房，每間都有對外窗和獨立洗衣機，每月收租約47000元，扣掉房貸利息（約9000元）、第四台、網路、水費和給物管（代租管）的管理費（租金的10%）後，還有三萬多的進帳，比我媽媽一個月的薪水還高，也夠還債務協商每個月攤還的錢。自從有了租金收入之後，媽媽收租收得很開心，因為那是「房子」創造出來的錢，不是女兒辛苦工作的錢。

　　有了前面這些合資和獨資的經驗後，我接著陸續合資買了五間隔套收租的房子、七間預售屋，去年年底決定讓中和這一間收租套房獲利了結，在網路上刊登才不到2個月，就順利找到合適的買家，以約1100萬出售，而其他

房子有幾間到了設定的價格，也陸續獲利了結。

去年買了自住換屋的房子，今年年初又和親友合資買了一間汐止的預售屋，算一算增值後的資產扣掉房貸，也有近3000萬，房地產成為我強迫自己儲蓄、投資最好的動力。

期許自己成為買方的好夥伴

因為喜歡房子，我和朋友成立了House123，把幫助大家買到好房子當成事業在做。雖然比起買賣的年資和數量，我們遠遠不及許多房地產專家，但是，說真的，我們會的夠用了。有了這些know-how，再去讀其他的書、報章雜誌時，會清晰、明確許多，不會聞雞起舞，也不會焦慮惶恐，真遇到不會的，別擔心，我幫你一起找答案。秉持著這樣的初衷，從一開始的建案團購服務，到現在為止有了一些小成績，開始辦了一些企業的房產講座，也提供房產諮詢。

我們發現，大部分參加團購的客戶都有買房的經驗，對於特定建案很喜歡，只是價格議不到理想的價位，透過House123團購，我們幫忙談到團購的優惠價，建商也多了一位好客戶，三贏。

但是有更大一群想買房子的人沒有經驗，對於這些朋友，建案團購太進階了，他們想要先學如何看房子、挑物件、議價、詢問貸款…也想要過程中都有專業又值得信任的人可以協助。由於平常上班太忙了，可以上課和看屋的時間只有晚上和周末，有時再陪一下家人就沒時間了。

在做了許多客戶訪談後，我們推出了「購屋錦囊」的房地產課程服務，透過實地看屋、刺激的議價競賽與函授課程講義交叉搭配，還有專屬教練和課後作業，有系統地將買屋的know-how完整不藏私地教給大家，讓大家就

算上班忙碌，也能擁有最好的學習效果。看到學員們周末早起，活力充沛地參與課程，就算是從來沒有看過房子或進去過接待中心的學員，也都和組員們一起鼓起勇氣實地練習，心裡總是很感動。此外，為了讓更多人可以受惠於扎實的課程內容，我也開始到文化大學進修推廣部開課，每周五從晚上七點半上課到十點，有時課後回答同學的問題轉眼就到了十點半。

雖然上班了一天還要站將近3個小時，身體感覺有點累，心卻很滿足。買房子雖然感覺很複雜，但其實是可以學習的，學會了就能夠針對自己的需求去規畫，不會被業務話術或媒體牽著走。我們很希望透過這樣的課程，讓所有想買房子的人都能完整學會相關的know-how，用合理的價格買到心愛的房子，並避免多走許多冤枉路，多花許多冤枉錢。

購屋錦囊推出一年後，在一個偶然的契機，有了出版社出書的邀約。如果課程是個工具，可以讓更多有需要的人扎實地學習買房子相關的知識，那麼，書就可以成為一個很好的媒介，讓這些經驗和知識分享給更多人。

我將原本購屋錦囊的函授教材加上案例整理成書，在六個月後，這本書問世了。我不是專家，我喜歡抱著「研發」的心態研究房地產，在教學相長的過程中，我不斷的打開眼界，分享，實作，接觸到新知識，再分享。房地產的領域非常大，在教學的過程中，我也常常參加土地開發法規相關的課程，不是為了擴展公司營業項目，而是增加自己的專業知識，也因興趣使然，上這些深奧的課總還是讓我興趣盎然，學到新知識總還能讓自己興奮。

財富自由，我能，你一定也可以!

隨著「富爸爸，窮爸爸」的風行，許多人對於「被動收入」、「財富自由」趨之若鶩，但真的財富自由以後，想要做什麼呢？環遊世界？每天睡到自然醒？這真的是自己真心喜歡的生活嗎？還是僅僅只是想像一般世俗定義

的「悠閒愜意」的退休生活？真的到了那一天，我們就快樂了嗎？

我覺得財富自由真的是一件很棒的事，然而，財富自由只是讓自己不用為了錢工作，僅僅只是這樣，讓自己可以做自己真心喜歡做的事，重點還是在創造價值。不管是當義工媽媽還是去賣滷味、做手工香皂、還是去當公務員、當家庭主婦，或去外國long stay，純粹享受生命，只要真心喜歡，有為自己和他人創造價值，就是很棒的事。

對我來說，人生中最重要的夢想就是「安居，樂業」。有一個心愛的家，全家人健康快樂地生活，有一份自己熱愛的工作，透過工作創造自己的價值。家，可以是租的，也可以是買的。我有一些朋友，藉由長租，可以壓低租金，選擇自己最想住的地方，打造自己喜歡的家居環境，不會造成經濟負擔，也是很好的選擇。所以，「買房子」並不是「安居，樂業」的唯一選擇，房地產也不是投資理財的唯一工具。

不過，如果你夢想擁有自己的房子，或是透過房子累積自己的好資產，那麼，希望這本書能成為你的好工具、好夥伴，讓你在看房子、找房子、議價、裝修的過程中，都有用得上的錦囊妙計，陪你走過這段獨一無二的購屋之旅。

⌂ 目次

第1章 如何從房地產中致富？

第2章 房價大揭密，看懂房屋的真正價值！

第3章 中古屋看屋、議價技巧大公開

第4章 預售屋增值術——分期付款, 累積千萬資產

第5章 裝潢＝裝修＋風格 超高C/P值裝潢術

拆除、水電、木工、泥做、油漆難不倒你！

步驟1：房子有漏水、壁癌一定要先解決！

步驟2：安全為上，水電、管線需重拉！

步驟3：結構牆拆不得！小心你家變危樓！

步驟4：誰說一定要做天花板？loft風正流行！

步驟5：地板需要重新做？各式材質比一比！

步驟6：牆永遠只有白色？善用色彩創造空間氛圍！

步驟7：系統家具、活動家具各有優劣

狀況1：朋友介紹的設計師就不用簽約？

狀況2：工程款項分期付款就安全？小心文字陷阱！

狀況3：便宜不一定大碗！付款一定要留下金流記錄！

狀況4：保固服務很重要！必要時主動諮詢專家！

別忘了，先做好敦親睦鄰

第6章 雙贏的投資策略，賺租金又賺增值！

2年投報率100%！4大關鍵讓你順利出租！

第7章 房貸大學問，省下百萬利息差很大！

第8章 搞懂稅法, 買屋賣屋稅費省很大

第 1 章

如何從房地產中致富？

菜鳥變專家,買屋前必須先了解的7個關鍵問題

地點為王？
買房子選對地點一定賺!?

Tip 買屋時，預計持有的時間有時比進場時間更重要。

除了地點，還要考量「時間」和「利息」

房地產的不敗定律，似乎就是Location、Location、Location！彷彿地點決定了一切。這道理我們都懂，誰不想要買在台北市仁愛路呢？除非你有個睿智的爺爺奶奶當年早買下，或者錢很多，可以用現金買下黃金地段的房子，而且打算長期持有置產，不然，你還有兩個重點要認識：「時間」和「利息」！

「時間」包含「進場時間」和「預計持有的時間」，而「利息」指的是「貸款利率」。「進場時間」常常會影響購買的價格，例如：在一個重劃區還沒成形前就買，價格當然比整個區域都成熟後的價格低許多。不過，「預計持有的時間」有時候會比「進場時間」更重要。

如果你計畫房子要持有5年以上，那麼，可以考慮還在發展中的重劃區，雖然要接受目前比較不足的生活機能，但只要有明確的建設計畫和時程，隨著時間和建設的發展，幅度較大的增值是可以被預期的。如果你只打算住個2年，有些目前正在興建的捷運線或是生活機能已經很完備、新建案也越來越貴的區域就可以考慮，因為兩年後要賣時，剛好趕上一波增值潮。

換個腦袋！用200萬自備款滾出200萬增值空間

「貸款利率」對於房地產投資的重要性不可言喻。跟大家說一個秘密，其實當初我會想學習房地產，是因為朋友跟我分享一個觀念：「如果你買一間1000萬的房子，三年後增值到1200萬，相當於一年成長6%，請問你的投資報酬率多少？20%嗎？錯！答案是100％！」

為什麼？因為買1000萬的房子，可以貸款800萬，等於是用200萬的自備款賺200萬的增值空間。

這就是房地產迷人之處，有什麼投資可以讓銀行用相對低的利息借款給你，你出20%，銀行出80%，而且還提供寬限期（只還息不還本金）呢？當然，貸款期間需要繳利息，以800萬的貸款，2%的利息計算，每個月的利息為13333元，自住用的話，就當成自己在付租金，不自住則可以出租用。

用「200萬賺200萬」就這樣留在我的印象裡，後來學了房地產，知道還有稅費需要納入計算，不過，房地產的增值潛力和高槓桿成為了吸引我學習和研究的誘因。當利息低的時候，房地產自然成為很適合的理財工具。

以小換大！500萬套房變成8500萬豪宅

我在創業前曾經在職場工作八年，曾有一位主管在十幾年前，當大直重劃區還是荒煙漫草時就和老婆一起買了一間小套房。十幾年來，他們平均每兩、三年就換一次房子，把原來的房子賣掉，越換越大，在兩年前他們正式搬離大直重劃區時的最後一間房子，是一間七十幾坪的豪宅，外加兩個平面車位。他以每坪110萬賣掉後，搬到內湖某個他看好的重劃區，一樓的新成屋，光院子就比客廳和餐廳加起來還要大。他說，等內湖住個幾年，

他和老婆就要搬到風和日麗的台中退休定居。

　　每次聊起他的換屋史，他總是鼓勵我們存錢買房子，從小坪數開始，慢慢換大，並跟我們分享他的經驗。一開始我很納悶：如果我買了一個房子，坪數20坪，我買的單價是30萬，在不考慮車位的情況下，三年後，行情漲到了36萬。就算我賣掉房子賺了100萬（扣掉稅費），除非我要考慮其他比較便宜的區域，不然，如果我想買同一個區域，行情也差不多是35～36萬，我到底賺到什麼？（買30萬，賣36萬，再接著買進36萬…如果這是同一支股票的操作，應該是下錯單吧？哈！）

　　我把這個問題問我的前主管，他問我：「如果你用每坪30萬買了20坪的房子，抓貸款8成，你付了多少的頭期款？」

　　總價是30萬×20坪＝600萬，頭期款是總價的20%，等於600萬×20%…我計算著。

　　「120萬。」我回答。

　　「嗯，如果三年後妳以每坪36萬賣掉，扣掉賣房子要繳的稅，假設是20萬，這樣你會拿回現金多少？」他問。

　　我思索著，「36萬×20坪＝720萬，賣掉時，賣方會把我的貸款還掉，假設我這三年都只有還利息，沒有還本金，表示我的貸款還有480萬，所以，我會拿回的現金是720萬－480萬－20萬＝220萬，相當於我原本的頭期款和我扣掉稅之後賺的價差的總和。」

　　「嗯，如果妳用這220萬當自備款，扣掉買房子假設需要10萬的稅費，一樣貸款8成，妳可以買得起多少總價的房子？」

　　我按著計算機，「如果以210萬拿來當頭期款，頭期款是總價的20%，所以總價就是210萬÷20%＝1050萬…哇！比起我第一間的總價600萬，幾乎快double耶！所以就算我買在同一區，單價一樣是36萬，我就可以買到29.2坪，幾乎多了1／3的坪數！」

我像發現新大陸一樣地興奮，「不過，不對啊！那就表示我要揹的貸款也變多了，本來我的貸款是480萬，現在變成了840萬，每個月的利息也變多了耶！」

他笑著說：「哈哈！對呀！所以要認真工作啊！」

原來這就是自住等增值、以小換大的方式。怪不得換屋總比首購容易，有了第一間房子的增值，要換屋時頭期款的壓力就小了一點。

話說我的前主管工作很認真，出社會工作以來只換過一次工作，一路從業務當到外商公司協理，但他看起來總是對工作遊刃有餘，不管業績壓力再大，總是吃得下，睡得著，對屬下也總是和顏悅色，而他清楚的邏輯和與客戶之間收放自如的溝通，也總讓我們心悅誠服。我想，能擁有一間心愛的、會增值的房子，和自己心愛的家人生活在一起，對自己的理財規劃有清晰明確的方法，就算工作再緊張，心都會安定一些吧！

2 多空交戰!
現在是不是購屋好時機?

不管房價高低,永遠都有被低估的房子

我的先生在創投業工作,常常都要拜訪新創公司,評估他們的實力和股票的價值。有一天晚上,他一如往常地在書房裡上網,剛好看到房地產新聞。他轉過頭來問我:「現在房價這麼貴,到底還可不可以買?」

我想了一下,問他:「如果今天股市上萬點,你找不找得到被低估的股票?」

他說:「可以。」

我再問:「如果今天股市跌到五千點,還有沒有被高估的股票?」

他說:「當然有。」

我說:「那就對了。現在房價普遍高,就像股市點數上萬點。因為市場走多頭,大部份的股票股價都在高點,連一些不怎麼樣的公司股價都飆高,但是只要用心找,還是有可能找到股價被低估的股票。就像現在房價高,雖然大部分的房子都很貴,可是只要用心,還是有可能找到房價被低估的房子。」

老公聽了這個比喻似乎懂了。隔天我把這段對話跟一個朋友

講，他說：「哪裡有被低估的房子？我看來看去都是被高估的！」

的確，開價都那麼高，哪裡有被低估的房子？

我說：「**屋主急售的時候，就有被低估的房子了。**」

其實，不管是什麼時候，都有人急著變現。房子要不賣得高，要不就賣的快。不管是家庭因素、經商周轉、離婚或家族分家，只要急著賣，價格就比較好談，因為賣方比買方更急著想要成交，所以只要價格達到他需要的最低金額，就有可能出售。

買房是人生大事,很多眉角要注意,看屋前一定要先做足功課。

朋友接著問：「可是我們要怎麼接觸的到屋主急售的房子？每次仲介帶我看的房子，感覺起來屋主都不缺錢，寧願慢慢賣…」

我問他：「如果你是仲介，你接到一個case，屋主要的價格不高，應該很快就會賣掉。你手上有兩個買方客戶，一個是投資客，做決定很快，看過沒問題馬上就出價。另一個是自住客，通常白天看完之後晚上還要再帶家人來看一次，晴天看完雨天還要來看，看過都沒問題，再帶風水老師來看。請問你會連絡誰來看？」

朋友說：「投資客。」

我問他為什麼，他接著說：「因為等自住的那組客人確定要買時，房子早就被其他業務賣掉了。」

「是啊！這就是市場真實的情況。仲介的業務很競爭，我們不能怪他們對自住客不夠好，而是他們的工作就是盡快讓房子成交，他們只是在做他們的工作。」我說。

「可是，許多專家的書都教我們，一個房子至少要看三次，白天、晚上、晴天、雨天都要看，難道用這種方式就買不到便宜的房子了嗎？」朋友急著追問。

我回答：「買房子需要一點緣份，因為房子金額很高，所以多看幾次是應該的，只是如果需求明確，同時也讓仲介了解你的需求，並多看、多做功課，當有合適又便宜的房子出現時，就可以比較快做決定。」

我接著說：「此外，『便宜』的定義有分為『現在看起來便宜』和『以後看起來便宜』。雖然我們不見得都有緣份可以買的到『現在看起來便宜』、屋主急售的房子，但是，如果熟悉區域的公共建設計畫，在建設完成之前先去買，自住等增值，或將房子出租，等到建設完成後，行情漲起來，回頭看幾年前自己買的價格，覺得好便宜，這就是『以後看起來便宜』的房子，如果未來有需要換屋，也可以享受一波增值的空間。」

朋友聽了點點頭，說他懂了。

練好基本功，無論房價漲跌都能買到超值好屋

不過，雖然每個時間點都可以是買房子的時機，但不可諱言的，當房市走高時，房價普遍偏高，要找到合理價位的房子的確不容易。現在到底是不是買房子的好時間點呢？

我認為，以「理智」來說，只要利息維持低於通貨膨脹率，房

美輪美奐的電梯大樓，是住在都會區居民的首選，但它的公設比例高、價格昂貴許多。

價雖有震盪，但長期仍然會漲。雖然政府統計的消費者物價指數連續五年都在2%以內，不過以民生用品來看，「有感」的通膨率應該大於3%，而目前的低利率條件仍多普遍維持在1.8%～2.3%之間。**只要房貸利率（3%以下）與通膨（3%以上）條件未變，房價雖有震盪，但要跌深的可能性不大。因為，只要這樣的條件存在一天，任何「理智」的人都應該跟銀行借錢去買房子**，因為以通膨的幅度預測房地產的漲幅，只要負擔銀行的低利率，絕對划算。反而，如果把錢存在銀行，每年賺約1%的定存利息，面對每年3%的通貨膨脹，持有的現金反而縮小2%。

不過，這是從「理智」來說，然而，人從來不是理智的。會影響房價的原因還有政治與預期因素，當然，如果還有其他不可預

每個人心中都有夢想屋,但若買不起新大樓,先從公寓買起,花點錢裝修,也可以住得很舒適。

測的事件,如:金融(像美國在2008年的金融體系危機)、戰爭、傳染病等,則更會加深房地產的不可確定因素。對我來說,這些因素可以歸納成:供給、需求、資金流向,尤其是後者,讓房地產行情容易發生偏離市場供需的脫序現象。

學習房地產對我的價值,就是讓我深信,**不管什麼時間,都有被高估的房子,也有被低估的房子**。謹慎評量自己的需求與能力,並做好風險控管,透過學習與實際看屋,練好基本功,好房子出現時才能把握機會做決定。這也就是學習房地產的價值囉!

「爽」+「買得起」,就是自住買房的兩大條件

自從開始接觸房地產以來,許多要結婚、買房子自住的朋友也開始會詢問我的意見。除了被問「現在到底可不可以買房子?」

外，第二個最常被問的應該就是：「房子好貴喔！我要買什麼樣的房子？」

回答這個問題前，我們先來討論一下自住買房的兩大條件。

要買一間自住的房子，需要考慮什麼呢？每每當我在課堂上問這個問題，同學們就會開始回答：生活機能、交通、格局、採光、通風、學區、公園、醫院、地段、建材…種種回答，總歸一句，就是「爽」，是吧？買一間自住的房子，總是要自己和家人喜歡，符合需求條件。可是，就算所有條件都符合需求，好不容易用賺到的錢買下了喜歡的房子，隔了五年之後想要換屋，差不多時間買房的朋友們的房子都漲價了，自己的房子不僅沒漲，反而還跌價了，這時候大概也不會太開心吧！所以，**要符合「爽」的要求，除了符合「需求條件」外，還要具備「增值潛力」。**

符合「爽」的條件的房子很多。例如：台北市中心的帝寶，住起來一定很爽，某方面來說，它的稀有性也的確符合增值潛力的要求，問題是我買不起！就算借錢、集資加貸款，真的讓我買到了，我住不到幾個月就繳不出貸款，等著房子被法拍了。

所以，自住除了符合「爽」的條件外，第二個條件就是要「買得起」。除了準備「頭期款」和「裝修預算」外，每個月要支付的「貸款」也要考量在內。這兩個翹翹板平衡的時候，就是適合自住的房子。

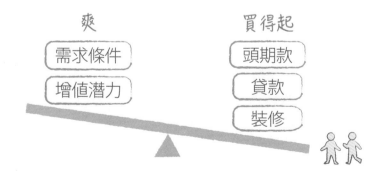

投資買屋,
如何賺到財富?

Tip 買成屋時可以考慮「賺價差」和「整層出租」、「隔套出租」來創造利基。

租金和價差,是買屋的最大利基

除了以小換大、自住等增值外,如果你想要投資買房地產,有哪些策略呢?在回答這個問題之前,我們先來看看投資房地產有哪些獲利方式。

房地產的獲利方式跟股票很像。投資股票要賺錢,來自兩個地方:每年分配的股利、和賣掉時的價差。

房地產也是這樣,**房地產賺錢的來源有兩個地方:租金**(跟股利一樣,是「現金流」)、**和價差**(和賣股票賺價差一樣,屬於「資本利得」。)

如果我們把房子依照「是否已經興建完成」來分類,可以分為「成屋」(包含新成屋和中古屋)和「預售屋」。

「成屋」在持有期間,可以透過出租賺取租金,當然,如果有貸款的話,在持有期間就要支付貸款利息,最後在出售時賺取價差。所以,我們可以將成屋的投資策略分為「純賺價差」(不出租)、「整層出租」和「隔套收租」。

「預售屋」在持有期間,因為還沒交屋,所以不能出租,而且

因為預售屋大多為分期付款，所以在持有期間要支付各期款項，最後在出售時賺取價差。我們將此策略稱為「預售屋投資」。

（如果放到交屋後還沒賣掉，就轉變為「成屋」，可以選擇出租或直接出售。）

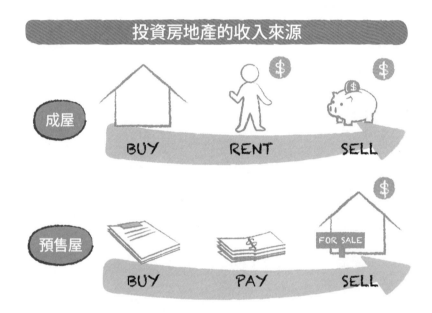

投資房地產的收入來源

成屋　BUY　RENT　SELL

預售屋　BUY　PAY　SELL

FOR SALE

　　有些投資人喜歡短進短出只賺價差，拜奢侈稅所賜，有越來越多人將手上的房子出租，來渡過兩年的閉鎖期。關於這一點，我是贊成的，因為房子的價值在於「使用」，除非是還沒交屋的預售屋，不然買了房子後，如果不自用就出租，讓它發揮空間的價值。

　　不過，舉凡成本的控管、格局的規劃、租金的設定、租客的管理…每一個都是「整層收租」和「隔套收租」的眉角喔！大家可是要好好學，我也會在之後的單元有詳細的分析。

中古屋、新成屋、預售屋,該怎麼買?

Tip　手上的現金不足,只夠付總價的10%～15%,但工作收入穩定時,可考慮買預售屋。

中古屋C／P值高,但要慎選屋況

　　不管是自住或投資,另一個我最常被問到的問題是:「中古屋、新成屋、預售屋,我該買哪一個比較好?」

　　老實說,每一種房子都有它的優缺點,如何選擇還是要看個人的需求。

　　如果你想要公設低一點,屋況舊也沒關係,自己重新整理就好,這樣的話,中古屋就適合你的需求。看屋時,除了要特別留意鄰居的素質和社區的管理外,如果是屋齡15年以上的中古屋,搬進去之前,最好把水電管線重新換過。

　　這是因為以前的管線負荷量都較低,水管、糞管寬度比較小,電線的規格也比較舊,而現在的家電使用度高,最好全部換掉比較安全。如果有些中古屋強調屋主有重新裝潢過,記得多留意裝潢的前屋主是自住還是純投資。

　　如果前屋主是投資客,而且買入後重新裝潢立刻又要出售,真的不建議大家接手,因為裝修的施工品質我們無法掌握,而前屋主裝潢的成本卻已加在房價裡,由我們買單。如果住進去後發現有問題,由於水電管線是裝潢裡的基礎工程,幾乎所有的裝潢都

要重新打掉重做，得不償失。（這些物件的廣告標題通常號稱「設計師的家」，而且很巧的是，這些「設計師」都剛好要移民或到大陸工作…）

如果買的中古屋屋齡接近30年，要特別留意外牆防水做的好不好，因為混凝土的使用年限一般是50～60年，但如果外牆防水好，使用年限可以再加長，到80年、100年都有可能。如果防水做的不好，甚至是海砂屋（氯離子含量太高），加速侵蝕鋼筋水泥，導致房子的使用年限變短，就糟糕了。

預算足夠，可考量新成屋

如果你的預算足夠，想要房子屋齡新一點，希望有蓋好的成屋可以看，並且可以盡快入住，那麼新成屋就適合你的需求。不過，現在的新成屋大多公設比較高，且單價較貴，有些行情甚至遠高於銀行的估價，因此貸款成數不理想。

在買新成屋時，如果有建商跟你說他的房子就算你的工作和收入條件不錯，而且是首購，仍然只能貸到7成，別以為這是央行打房，而是因為他的售價遠高於銀行估價至少一成，所以才導致銀行貸款成數不高，利息也不好談。所以買新成屋時一定要留意銀行的估價與貸款條件！

不想馬上揹房貸，不妨考慮預售屋

如果你想要買房子，但沒有立即入住的需求，也不想要馬上揹房貸、支付利息。或是手上的現金只夠付總價的10%～15%，不過，由於工作很穩定，定期還有獎金，想要透過買房子強迫自己儲蓄…知道你最適合哪一種房子嗎？Bingo！就是預售屋！

預售屋的挑選其實比中古屋和新成屋更難，因為看預售屋時，通常都還沒有蓋好（大部分甚至還沒有開工），所以看到的都只有

DM、接待中心電腦裡的flash和美美的樣品屋。因此購買預售屋除了要做好每一期分期付款款項的準備外，更要學習挑選好建商、好建案，並用合理的價格購買。

買中古屋、新成屋、預售屋，該注意的重點

	中古屋	新成屋	預售屋
適合族群	• 想要公設低一點，屋況舊也沒關係，自己重新整理就好	• 預算足夠，想要房子屋齡新一點，希望有蓋好的成屋可以看，並且可以盡快入住	• 想要買房子，但沒有立即入住的需求，也不想馬上揹房貸、支付利息 • 手上的現金只夠付總價的10%～15%，不過，由於工作很穩定，定期還有獎金，想要透過買房子強迫自己儲蓄
注意事項	• 鄰居的素質 • 社區的管理 • 屋齡15年以上的中古屋，最好把水電管線重新換過 • 不要買投資客剛裝潢好的房子 • 如果買的中古屋屋齡接近30年，要特別留意外牆防水做的好不好	• 銀行的估價與貸款條件（避免買太貴）	• 做好每一期分期付款款項的準備 • 學習挑選好建商、好建案 • 用合理的價格購買

中古屋、新成屋、預售屋比一比

　　這三種房屋類型各有它的優缺點，也都有它的眉角。我有個好姐妹，只買預售屋，因為預售屋的分期付款很適合她強迫自己儲蓄，也多虧了預售屋，讓以前總是月光族的她開始有了不錯的積蓄。我有客戶只買新成屋，因為他喜歡房子新新的，而且眼見為憑，不用擔心搬進去後發現建材、面向、格局和想像有落差。也有朋友偏好中古屋，尤其是中古公寓，公設比低，坪數實在，同樣的使用坪數在低公設和低單價的前提下，總價幾乎是新大樓的一半。

　　這三種我都買過，個人特別偏好預售屋和中古屋，前者有分期付款和完工前的增值空間可期，後者的Ｃ／Ｐ值高，只要屋況整理的好，住起來也很舒服。不管哪一種，最重要的還是你的需求喔！你喜歡哪一個呢？

關鍵在預算！
有足夠的錢買房子嗎？

Tip 房貸支出佔多少收入比例才對，這並沒有絕對的答案，重點在償債能力。

算一算！買屋需要多少錢才夠

買屋的第一步，除了了解基本的房地產知識外，最重要的莫過於釐清自己的需求了。你喜歡哪一個區域？哪一個路段？喜歡中古屋、新成屋還是預售屋？喜歡無電梯公寓（公設很低）還是喜歡電梯大樓？你的總價預算多少？準備了多少自備款？需要多大的使用坪數？幾房幾廳的格局？交通機能如何？大多都是開車還是要搭大眾交通工具？可以接受屋齡幾年內的房子？需要鄰近哪一個學區或醫院嗎？有沒有喜歡的樓層？哇！這麼多問題，你回答的出來嗎？

以上所有的問題，除了「需求」外，還有一個大重點，就是「預算」。我們將「總價」預算分成「頭期款」和「貸款」。

總價 = 頭期款 + 貸款

可惜我們要準備的不是只有房子的頭期款，還有裝潢的錢和買房子需要的稅費，包含仲介費、代書費、登記規費、契稅、印花稅等等。而這些，統稱為我們的「自備款」。

自備款 = 頭期款 + 裝潢保留款 + 稅費

　　除了自備款外，還要評估貸款負擔能力。許多專家都建議自住的購屋族，每個月負擔的貸款（本息攤還下）不要超過家庭收入的1／3。舉例：如果家庭月收入為6萬，每個月負擔的貸款最好不要超過2萬，以免貸款負擔過大，影響生活品質。這個比例可以當參考，但不是絕對喔！以一個月收入2萬的家庭，可能連1／3拿來繳房貸都很沉重，但是對一個月收入10萬的家庭，可能拿1／2來繳房貸都還遊刃有餘。

銀行評估的是「償債能力」

　　由於許多銀行提供的房貸都有「寬限期」，所以如果你的房子買來之後要收租，有穩定的租金可以支付利息，那麼可以改用銀行審核貸款時會考量的「收入支出比」，來評估自己可以負擔的貸款金額。所謂的「收入支出比」就是我們常聽到的「償債能力」。每一家銀行對於「收入支出比」的規定都不太相同，不過，最簡單的檢查方式，就是問自己：**依照我的收入，如果我是銀行，我敢貸給自己的額度是多少？**

　　舉例：如果我的年薪50萬，我要申請20年的房貸，這20年假設我維持現在的收入，我總共會賺50×20＝1000萬，依照我的收入，要申請800萬的貸款可能有點困難（畢竟我要不吃不喝才能累積1000萬，如果我是銀行，我一定不敢借800萬給自己，而且還有利息要支付，一定入不敷出）。但是如果申請550萬的貸款，或是將房貸延長成30年（我的總收入拉高到50×30＝1500萬），甚至是提供收入條件較好的保證人來幫我擔保，則可能敢貸給我。

房貸的利息之所以比一般信貸低，是因為有房子做為抵押。**因此，一般房貸評估的條件，包含了房子本身的價值（鑑價）和貸款人的償債能力。**依照收入，你能負擔多少的貸款額度呢？

自住：$\frac{1}{3}$家庭收入試算法
投資：銀行核貸收入支出試算法

總價 ＝ 頭期款 ＋ 貸款金額

頭期款＝自備款－裝潢保留款－稅費

要為房貸負擔一輩子？

　　很多人會想要趕快把房貸還掉，認為沒有負債，這間房子才完完全全屬於自己，因此心中總是會有莫名的壓力，覺得好像要負擔房貸一輩子！但是其實**許多首購族都忘記考慮一件重要的事情，就是：「未來5～10年我也許會換屋！」**也許是家庭人口變多，需要的空間變大了，因此需要以小換大。或者是工作、生涯因素考量，需要搬家等都有可能。因此當你換屋的時候，下一個買你房子的人，就會幫你還完房貸了！

　　怎麼說呢？舉例：你用1000萬元買了第一間房子，貸款800萬，貸款20年。如果你買的房子不錯，有增值潛力，過了5年後以1300萬出售。如果我們用最簡單的方式粗略換算本金，前兩年寬限期不還本，後面3年攤還本金，平均一個月還3.7萬本金，共還3年，一共133萬，因此你的貸款只剩下667萬。假設你以1300萬出售，賣方將先清償你剩餘的貸款667萬，其餘的633萬會匯入你的戶頭。這也是為什麼**大部分人都很害怕貸款背一輩子，實際上卻很少人真的負擔貸款一輩子，因為當你出售時，買方就會幫你把原來的房貸還掉。**

Q 什麼是「寬限期」？

A 「寬限期」就是還息不還本的期間。在寬限期內，每期只需繳交貸款利息，不需要攤還本金，由於每月要繳的金額比較少，壓力比較輕。一般銀行通常會提供2年的寬限期，部分銀行甚至提供3年或以上的寬限期。不過，由於寬限期內沒有攤還本金，當寬限期屆滿後（例如2年之後），每月除了必須攤還利息之外，另須攤還本金，因而將大幅增加每月的還款負擔，而且本來用要20年還的本金，變成要用18年還完，所以每月平均要還的金額就變多了。

Q 用寬限期到底好不好？

A 這個問題，我曾經也想不太通。許多投資人都說就使用寬限期呀！但是對於自住來說，這間就是我的房子呀，還不是遲早都要還。你也有過這樣的想法嗎？其實要不要使用寬限期，沒有標準答案，而是取決於你的理財與花費習慣。

以剛剛的例子為例，如果你有好的理財工具，假設寬限期2年，如果那2年可以延遲還的本金（約80萬），有更好的投資工具可以為你創造比房貸利息（約2%）更好的投資報酬，那麼你就應該好好利用寬限期。例如，如果這80萬本金，可以讓每年有穩定5～10%的報酬率，等於銀行用房貸的利息貸款給你去理財，那麼當然是好好使用寬限期，而非還回銀行，讓你的錢幫你賺錢。如果你是無法控制花費的人，或是沒有穩定的投資工具，那麼乖乖還本金，對你來說還是最好的方式，因為每月定期還貸款等於是強迫儲蓄！等下一手買你房子的人，幫你還掉貸款的時候，你便能拿回你已經攤還的本金，還外加獲利呢！

每個人的情況與理財習慣都不同，建議好好了解自己的習慣，申辦貸款前先分別試算有寬限期和沒有寬限期每期應繳的金額，依試算結果選擇自身能負擔又適合自己的方案喔！

如何開始尋找好屋標的？

Tip 列入地段、預算和需求，才能明確找到好屋，若漫無目的，等於白做工。

填好這張表格，讓你找到好房子！

知道自己的預算之後，我們就要來具體化我們的需求了。下面這個需求表是我整理出來，個人覺得很好用的工具，我使用它在課堂上幫助許多學員具體化自己的需求。

由於房子有地域性，通常我們找房子時，都會先從自己熟悉的區域開始看起。不過，就算區域很明確，也是有自己特別屬意的路段喔！

▶ 先考慮地區、地段及總預算

以我曾經居住過6年多的台北市內湖區為例，如果我的總價預算設定為1500萬元，希望買的路段是內湖區康寧路三段，距離東湖捷運站步行10分鐘內。若我想找屋齡25年內的無電梯公寓，沒有車位，就我的認知那一帶的公寓的成交行情約在38萬／坪左右（先猜測，錯了沒關係，先寫下來，等我們查完行情後再修正就好），以20%的頭期款來看，我需要準備1500萬×20％＝300萬的頭期款，而1500萬可以買到的建物權狀坪數是1500萬／38萬＝約39坪。無電梯公寓的好處是公設很低，一般無電梯公寓的公設比可以先抓0%～10%，因為我們真正使用的室內面積是影響生活空間是否

足夠的重要關鍵，所以除了看「權狀坪數」外，還要計算「使用坪數」。

　　如果我們以10%的公設比來計算，將39坪權狀坪數扣掉10%公設，等於使用坪數約為35坪，夠做三房兩廳的格局。這時候，我將其他我重視的條件，如：學區、格局、通風、採光等附加在下面的「其他條件」。登登登！這樣我的第一組找屋條件清單就出來了！

房屋條件、價格比一比

	條件一	條件二	條件三
理想路段	台北市內湖區康寧路三段	台北市內湖區康樂街、東湖路、五分街	台北市南港經貿園區
交通條件	東湖捷運站步行10分鐘內	東湖捷運站步行10分鐘內	南港軟體園區捷運站步行10分鐘內
屋齡	25年內	18年內	5年內
類型	公寓	電梯大樓	電梯大樓
車位	無	有	有
總價A	1,500萬	1,800萬	1,800萬
車位預估價格B	0	200萬	250萬
平均單價C	38萬/坪	40萬/坪	68萬/坪
頭期款A×20%	300萬	360萬	360萬
權狀坪數 (A-B)/C = E	39坪	40坪	23坪
預估公設比D	10%	20%	30%
使用坪數 E×(1-D)	35.1坪	32坪	16.1坪
格局(幾房)	3房	3房	2房
其他條件 (學區、醫院、通風、採光、樓層)	明湖國小/國中學區, 格局方正, 採光通風好, 有前後陽台, 巷弄不要太小, 最好基地面積大一點	不要在菜市場裏面, 格局方正, 採光通風好, 有前後陽台, 巷弄不要太小, 電梯乾淨	希望有前後陽台, 社區質感要好, 樓下要有店面

註/你也可以做上列的表，把看屋的資料整理出來，在比較時就能一目瞭然。

👍 相同預算下，衡量各自的需求

由於找房子時，相似的預算，可能有不同的選擇。例如，如果我的總價預算可以往上拉到1800萬，我希望除了無電梯公寓之外，也可以考慮有車位的電梯大樓，最好屋齡在18年內，這樣公設還不會太高，大約20%左右。可是我知道，如果堅持路段要跟上一組條件一樣，都在內湖區康寧路三段的話，那邊的中古電梯大樓單價可能會太高，我用1800萬的預算可能買到的坪數會太小。因此，我選擇同樣屬於東湖捷運站周圍，但路段比較裡面一點的康樂街、東湖路、五分街。

就我初步的「猜測」（猜測就好），那邊18年內的中古大樓每坪單價約40萬，而坡道平面的車位約200萬，同樣的邏輯換算下來，我需要準備的頭期款是1800萬×20%＝360萬，總價1800萬扣掉200萬的車位後，再除以每坪40萬的單價，我可以買得起的權狀坪數是40坪，扣掉20%的公設，我可以使用的坪數是32坪，只要格局方正，一樣夠做三房兩廳的格局。因為我知道那一帶靠近菜市場，所以在「其他條件」那邊特別列了「不要在菜市場裡面」。如此一來，我的第二組條件也出來了！

除了可以加一點預算，犧牲一點路段的堅持，將無電梯的公寓換成有電梯的大樓外，有可能我也想「升級」一下路段，換到我認為更有增值潛力的地方。不過，由於路段升級後每坪的單價變高，車位也變貴了，在同樣的總價預算內，能買得起的權狀坪數變小了，加上屋齡越新，公設比通常越高，我可以使用的坪數面積也變小了。在上面的第三組條件換算下，我能夠買得起的權狀坪數可能剩下23坪，使用坪數只有16坪左右，只夠做兩房一廳的格局。如果這樣也符合我的需求的話，就可以把它列在我的條件組合中，當成看屋的篩選條件之一。

👍 需求不明確，等於白做工

我曾經聽一個仲介跟我說過，有些買方很可愛，看台北市中

心、也看三峽、林口，看套房、也看三房，總價預算落差超大，通常這種客戶東看看西看看都不會買，因為他的需求太混亂了。雖然很多書上都告訴我們要先看過30、50間以上才能開始出價，我還是建議大家可以先列出需求條件後，有系統地幫自己找標的看，也可以請仲介將符合條件的物件介紹給你看，這樣看屋比較容易累積經驗，也比較好釐清自己想要的是什麼喔！

開始上網找屋去

雖然房子有預售屋、新成屋、中古屋三種類型，但**對初學者來說，建議先從「中古屋」開始看。除了物件數量較多外，也可以練習到較多的看屋和議價技巧。**

由於「中古屋」大多委託仲介或是由屋主自售，為了節省效率，我建議多使用網路搜尋物件功能，將符合你需求條件的物件先找出來。由於出售網站眾多，各家仲介網站都有自己接的物件資料，可以參考信義、永慶、591等網站。

由於現在的房屋搜尋引擎做得很好，可以先將類型、總價、坪數範圍、有無車位等條件設定好後，在關鍵字搜尋的地方輸入有興趣的路段（例如：xx路x段）或重要地標（如：車站、商圈等），就可以過濾條件。因為網站上刊登的價格只是開價，因此你設定搜尋條件時，價格範圍可以比你的總價預算再高20%～30%，例如：你的總價預算是1000萬，在搜尋物件時之區間可設定上限到1200萬～1300萬，當成議價的空間。

了解房屋的銷售管道

買屋基本功

了解了房屋的種類，也要熟悉各種房子的銷售管道。只有知道我們交手的對象是誰，才能知己知彼，事半功倍。

中古屋多由仲介銷售、屋主自售»

舉凡房子從建商過戶之後再出售的「二手屋」，我都習慣稱為「中古屋」。「中古屋」屋齡可能是0年（有人稱為「新古屋」。可能屋主在預售時期就買了，蓋好交屋之後才拿出來賣，或是屋主跟建商買新成屋，但買了馬上就賣），也可能30、40年。「中古屋」大多委託仲介銷售或是由屋主自售。可以參考各大仲介或到售屋網站搜尋物件，對於有興趣的物件可以直接致電約看。

預售屋的銷售管道有代銷、建商、已購的買方»

預售屋大多藉由代銷或建商銷售，通常會有接待中心或樣品屋，也有格局圖和完整廣告文宣可供參考（代銷就是房地產業的「廣告公司」。建商可以選擇自行銷售或委託代銷公司銷售，一般常見的樣品屋和接待中心多由代銷公司負責，由建商支付廣告費和銷售佣金給代銷公司）對於有興趣的物件可以直接致電跟接待中心預約，親自到接待中心看屋。

大部分的預售屋在交屋前可以「換約」。所以除了代銷和建商外，有些人買了預售屋後會在交屋前考慮出售，此時可能會委託仲介或是由屋主自行出售，這些物件可以到各大仲

介或售屋網站搜尋。特別注意：由於賣方通常會考慮獲利，加上賣方已經付給建商的各期款項，所以如果要買這類型的物件，一開始拿出來的現金款項會比較高，享受不到預售屋分期付款的好處。要特別留意喔！

Q　什麼是「換約」？

A　由於預售屋還沒有興建完成，購買時房子無法過戶，所以購買人會拿到一份合約，上面載明價格、坪數、戶別、付款方式、建材等細節。購買人在交屋前可以出售此份合約，稱為「換約」。由於預售屋在成屋過戶前，買方名下並無產權，不受奢侈稅規範，因此可透過換約的方式銷售，不需繳奢侈稅，只要將獲利併入所得繳稅。

換約時，通常建商會酌收一筆換約手續費（不得超過房價千分之一），換約後，原來合約的權利義務由新的購買者承受，有的建商會將合約上的簽約人換成新的購買者，有的建商則填寫「讓渡書」，由原買方、新買方、建商三方簽名。

新成屋由代銷、建商銷售》

　　和預售屋一樣，新成屋大多也是藉由代銷或建商銷售，通常會有接待中心或實品屋。由於格局和建材都已經完成，眼見為憑，較好評估。對於有興趣的物件可以直接致電跟接待中心預約，親自到接待中心看屋。

7

擔心被當肥羊？
該不該向仲介買房子？

Tip 在評估介是否專業時，我的心中自有一把尺，
但當仲介勤於帶看房子，小心有陷阱。

3個步驟教你從仲介中挑出好咖

有些人想找屋主自售的房子，因為不想要跟仲介打交道，也不想要多付仲介費。其實，仲介也是人生父母養，將心比心，他們有他們的專業和資源，只是因為仲介素質參差不齊，有很優秀、誠懇、專業、認真的仲介，也有不用心、不誠實的仲介。如何從中挑出好的仲介人員呢？三個步驟讓你不怕仲介勾勾纏：

👍1.帶看前，電話詢問資訊時，處理是否用心

如果你連電話中跟他詢問資訊他都不用心處理了，那這位仲介就不用約看了。

👍2.帶看時，加註仲介資料在通訊錄後面

我看屋的時候通常會依照仲介的專業和服務態度，在儲存他的手機號碼時，後面加註「強」、「認真」或「Top sales」。當然，也會有些仲介被我加註「遲到」、「不專業」、「不用心」。對於我有好感的仲介，如果未來他再推薦物件，只要符合我的需求我都會盡量安排看屋，對於不用心的仲介，如果漏接了電話，我通常不見得會回電。時間有限，人與人是否投緣還是很重要的，不是嗎？

3.帶看後，介紹的物件是否都符合我的需求

通常在看屋時仲介都會詢問找屋的需求，包含坪數、價格、格局、位置等，如有合適的新進物件，會主動推薦。如果三番兩次推薦的物件都不符合你的需求（接到電話先請他提供物件資料表，對照你的需求過濾一下就可以知道了，不需要親自看屋），表示他不夠用心，通常我會再重申一次我的需求，如打擊率還是太低，我就謝謝再連絡囉！

如果這個物件你很喜歡，只是仲介不OK，可以有技巧的問他是哪家仲介公司、哪個分店的，這個物件只有他們在賣嗎？（也就是所謂的「專任約」），如果只有他們在賣，但不是他開發的，你可以打電話去那間分店，指名要找這個物件的開發經紀人，改找他幫你帶看。如果這個物件不只他們在賣，可以打電話到其他仲介問他們有沒有接這一間。

勤勞的仲介比較可靠？小心仲介帶看陷阱！

我們都喜歡誠懇的仲介，可是，小心！別因此掉了陷阱。有些「熱心」的仲介會在一天就會幫買方安排看十幾間，然後把C/P值最高的會安排在最後一間。看了一天下來，覺得它最好，又覺得業務很熱心，就買它了。

我有一個好朋友買了現在自住的房子就是這樣決定的。現在回頭看，沒有覺得它特別好，而且住進去半年後就因為噪音等原因很想搬家，但那天看了一天下來，覺得它「相對」好，就這樣買單了。所以除了心裡要很明確知道自己要什麼外，一開始看屋多看不同仲介的物件也比較好。當你只跟他看一間、兩間，他當然會把條件好的優先介紹給你，而且為了取得你的好感，會多分析區域的行情和資訊給你參考，在交流的過程中也可以累積經驗。剛開始看屋時一定要特別留意喔！

萬丈高樓平地起
房子興建與銷售流程

🏠 房子的興建過程

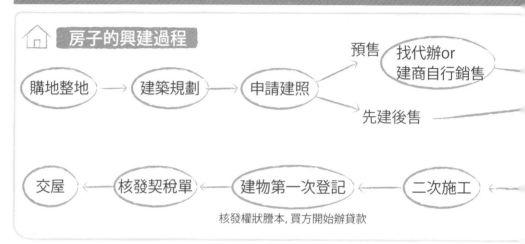

購地整地 → 建築規劃 → 申請建照

預售 → 找代辦or
建商自行銷售

先建後售 →

交屋 ← 核發契稅單 ← 建物第一次登記 ← 二次施工 ←

核發權狀謄本, 買方開始辦貸款

買屋必懂關鍵名詞

容積率

各樓層的樓地板面積（即為容積）加起來除以基地面積再乘以百分比。

例如：若容積率＝500％

基地面積=100坪

總建坪=100坪×500％＝500坪

如不考慮建蔽率，可蓋五層樓

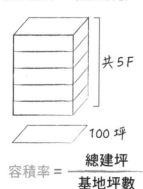

共5F

100 坪

$$容積率 = \frac{總建坪}{基地坪數}$$

建蔽率

底面積的限制。建築物在基地上的最大投影面積與基地面積的比率。

例如：若建蔽率為60％

基地面積=200坪

單一層建坪= 200坪 × 60%=120坪

其他80坪只能做公設或臨路退縮做植栽

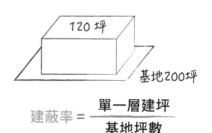

120 坪

基地200坪

$$建蔽率 = \frac{單一層建坪}{基地坪數}$$

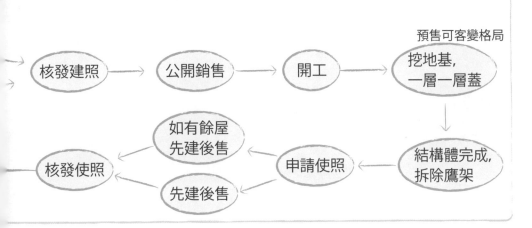

預售可客變格局

核發建照 → 公開銷售 → 開工 → 挖地基，一層一層蓋

挖地基，一層一層蓋 → 結構體完成，拆除鷹架

結構體完成，拆除鷹架 → 申請使照

申請使照 → 如有餘屋先建後售 → 核發使照

申請使照 → 先建後售 → 核發使照

土地使用分區

「土地使用分區」規定每一筆土地的使用用途，不僅容積率、建蔽率不同外，由於建築法規規定不同，可能還有「容積獎勵」、「公設係數」等必須考慮。

以台北市「住四」土地分區為例（容積率300%、建蔽率50%）：

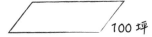

100 坪

總建坪 ＝ 基地坪數 × 容積率 × 公設係數
　　　 ＝ 100坪 × 300% × 1.7
　　　 ＝ 510坪

單一層建坪 ＝ 基地坪數 × 建蔽率
　　　　　 ＝ 100坪 × 50%
　　　　　 ＝ 50坪

總樓高 ＝ 510坪 / 50坪
　　　　⇒ 總樓高 10層樓高

建照 有了格局與細部規劃後，建商會將詳細的設計圖連同其他所需的文件送交該縣市政府申請「建築執照」（簡稱「建照」）。拿到建照後，才可以開始公開銷售。

使照 房子蓋好後要申請「使用執照」（簡稱「使照」）。建商會提供相關資料，並開放基地現場供政府單位勘驗，確認實際興建與建照規劃相同，如有不符則須限期改善。通常從開工到蓋好、取得使照約需1年半到3年不等。

二次施工

如果建商在建照的規劃外另有其他施工項目，但又怕會因此拿不到使照的話，就會在取得使照後進行「二次施工」（簡稱「二工」）。常見的二工包含：將一樓的機車停放空間改為迎賓大廳、幫住戶陽台外推等。二工項目如經檢舉，就必須限期恢復原狀。

第 2 章

房價大揭密，
看懂房屋的真正價值！

3個購屋密碼，深入了解區域行情，要買要賣，絕不讓你吃虧

密碼1　不懂區域行情，小心當了冤大頭！

密碼2　謄本資料暗藏玄機，只花20元看透屋主成本！

密碼3　3招必殺技，了解區域行情，房價省下25%！

不懂區域行情，
小心當了冤大頭！

> Tip 實價登錄也有可能失真，尤其是車位如何計算，影響單價很大。

實價登錄能反映真正行情？

「愛莉，我昨天去看了一間房子，在永安市場捷運站附近，我覺得還蠻喜歡的！仲介說那邊的中古大樓成交行情每坪大約50萬，這一間只要45萬就買的到，好像不錯耶！」朋友興沖沖地說。

「永安市場捷運站剛好在永和區和中和區交界，你看的這一間是永和還是中和的門牌？」我問。

「有差嗎？還不是都在那一帶？」朋友狐疑地問。

我回答：「當然有差啦！還有，它在哪一條路？在馬路上還是巷弄內？屋齡幾年？離菜市場會不會太近？你查過實價登錄了嗎？這些因素有沒有考慮進去一起比較？」。

「哇！我是有稍微看了實價登錄，不過沒有看那麼細耶！為什麼要看這麼細啊？」朋友聽到這麼一大串細節很吃驚。

我笑著說：「當然要看仔細呀！不然如果你以附近大馬路的指標性社區的行情來比較其他巷弄內的物件，或是以永和的價格買到中和的門牌，還誤以為自己買到便宜，豈不是很冤枉？」

有些傳統市場是在巷弄之中，若自住可能會有點吵雜，最好是步行約 5 分鐘左右的距離最適合。

若住家附近有大賣場，購物非常方便，對生活機能有加分作用。

就算在同一個生活圈，但行政區的門牌不一樣，也會有不同的行情。

實價登錄也有陷阱!? 小心交易單價失真！

　　自從實價登錄在2012年8月1日上路，並開放查詢以來，流量始終居高不下，可見大家對於實際成交價格的好奇。其實早在實價登錄以前，就有不少仲介主動將實際成交的價格放在網站上供查詢，實價登錄只是政府為這些資料做背書。不過，實價登錄的資料其實還是陷阱重重，怎麼說呢？

　　仲介刊登物件時，有時車位的坪數和價格沒有從總坪數和總價中拆分出來，導致建物每坪單價算出來太低。舉例：權狀登記30坪，開價1200萬元，乍看之下每坪40萬，可是如果30坪裡包含車位10坪，車位價格200萬，建物每坪開價變成（1200－200）／（30－10）＝50萬/坪，是不是差很多呢？不僅是物件刊登有這個問題，連實價登錄都有這樣的問題，驚訝吧？

如果有帶車位

$$建物每坪單價（萬/坪）= \frac{成交總價－車位價格}{總坪數－車位坪數}$$

如果沒帶車位

$$建物每坪單價（萬/坪）= \frac{成交總價}{總坪數}$$

　　我們以「台北市內湖區民權東路六段」為例，在實價登錄網站上點選「房地＋車位」、「住宅大樓」可以看到以下三種情形的物件資訊：

▶ 1.車位坪數和價格皆無拆分

　　有些建物有含車位，但是「車位總價」沒有登錄，點開「交易

明細」車位資料亦沒有登錄車位坪數。這時系統算出來的「交易單價」就會失真，如我們剛剛學到的，當車位坪數和價格沒有從總坪數和總價中拆分，算出來的每坪單價通常就會偏低。

交易標的：	房地(土地+建物)+車位	交易筆棟數：	土地：2筆 建物：1棟(戶) 車位：2個
交易年月：	101年8月	建物區段門牌：	民權東路六段401~450號
交易總價：	**83,000,000**元	建物型態：	住宅大樓(11層含以上有電梯)
交易單價約：	**807,775** (元/坪)	建物現況格局：	4 房 2 廳 3 衛 有隔間
建物移轉總面積：	**102.75** 坪	車位總價：	
1/141	🔘地圖 📋交易明細	有無管理組織：	有

序號	車位類別	車位價格	車位面積
01	坡道平面		
02	坡道平面		

👍2.車位坪數和價格僅拆分一個，「交易單價」仍失真

有些實價登錄有登錄車位坪數或車位價格其中之一，但因資訊不完整，所以「交易單價」仍以總價除以總面積，得出來的數字仍然失真。

以下面這筆交易為例，「車位總價」登錄360萬，點開「交易明細」車位資料共登錄兩筆車位，卻沒有登錄坪數。

交易標的：	房地(土地+建物)+車位	交易筆棟數：	土地：2筆 建物：1棟(戶) 車位：2個
交易年月：	102年8月	建物區段門牌：	民權東路六段101~150號
交易總價：	**55,000,000**元	建物型態：	住宅大樓(11層含以上有電梯)
交易單價約：	**556,648** (元/坪)	建物現況格局：	4 房 2 廳 2 衛 有隔間
建物移轉總面積：	**98.81** 坪	車位總價：	3,600,000元
2/68	🔘地圖 📋交易明細	有無管理組織：	有

序號	車位類別	車位價格	車位面積
01	坡道平面	1,800,000元	
02	坡道平面	1,800,000元	

而下面這筆交易，車位資料登錄兩筆車位共19.78坪，卻沒有登錄車位價格，使得「交易單價」仍無法正確計算。

交易標的:	房地(土地+建物)+車位	交易筆棟數:	土地：2筆 建物：1棟(戶) 車位：2個
交易年月:	102年10月	建物區段門牌:	民權東路六段151~200號
交易總價:	**60,250,000**元	建物型態:	住宅大樓(11層含以上有電梯)
交易單價約:	**703,620** (元/坪)	建物現況格局:	4房 2廳 2衛 有隔間
建物移轉總面積:	**85.63** 坪	車位總價:	
6/141	地圖 交易明細	有無管理組織:	有

序號	車位類別	車位價格	車位面積
01	坡道平面		9.89坪
02	坡道平面		9.89坪

3.車位坪數和價格有拆分，且「交易單價」計算無誤

　　下面這筆交易紀錄來看，「車位總價」登錄255萬，「交易明細」內的車位資料有登錄一筆車位共10.15坪。所以正確的「交易單價」為：

$$(45,000,000 - 2,550,000) \div (74.32 - 10.15) = 661,524 (元/坪)$$

　　這和實價登錄上登錄的交易單價661593（元／坪）相去不遠，表示實價登錄計算單價無誤！只需要注意車位總價沒有太誇張就好（例如：內湖一般的平面車位約200～300萬，如果登錄一個車位400萬就太誇張）。

交易標的:	房地(土地+建物)+車位	交易筆棟數:	土地：2筆 建物：1棟(戶) 車位：1個
交易年月:	101年9月	建物區段門牌:	民權東路六段201~250號
交易總價:	**45,000,000**元	建物型態:	住宅大樓(11層含以上有電梯)
交易單價約:	**661,593** (元/坪)	建物現況格局:	4房 2廳 2衛 有隔間
建物移轉總面積:	**74.32** 坪	車位總價:	2,550,000元
3/15	地圖 交易明細	有無管理組織:	有

序號	車位類別	車位價格	車位面積
01	坡道平面	2,550,000元	10.15坪

我的小祕訣——只要3秒鐘，馬上得知真行情

　　看了上述三種案例有沒有覺得頭很痛？不只實價登錄有這樣的問題，連仲介網站上的成交行情查詢也有許多資料沒有將車位拆分。每次查行情都在debug到底資料有無將車位坪數和價格分算，還要再分類整理不同屋齡和不同類型的均價行情，資料多時，每次查完就要花上3個小時，實在很花時間！

　　為了簡化查詢工作，我請公司的技術長寫了一個程式，針對實價登錄的資料，自動驗算車位坪數和價格，還將房子的屋齡、類型分別統計，把過高或過低的剔除掉（用統計學裡的「標準差」計算方式）真的省了很多時間！分享給大家：

House123實價登錄行情查詢

price.house123.com.tw

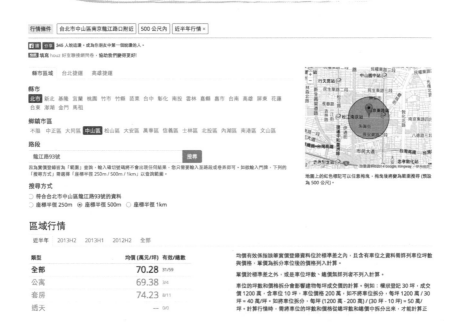

謄本資料暗藏玄機，
只花20元看透屋主成本！

買屋只看權狀不夠，一定要看謄本

每次只要有人想找我討論物件，我都會請他先調閱謄本。到底
謄本上有什麼重要的資訊呢？

不動產文件中最重要的兩個，莫過於「謄本」和「權狀」。
「權狀」的全名是「所有權狀」，就像是房地產的身分證，屬於
靜態文件，當你完成買賣、過戶，地政事務所會提供土地及建物
所有權狀給你，因為是靜態的，因此也會有偽造的可能，就像身
分證一樣。

至於謄本，是動態的，**只要有任何抵押設定、查封、限制處分
等，就會即時更新，可以完全呈現房屋的產權，所以買屋只看權
狀是不夠的，更重要的是向地政機關調閱謄本，並看懂謄本。**

有些人以為只有屋主本人才可以去調謄本，其實只要備妥相關
資訊，每個人都可以針對任何物件調閱謄本，不然你以為仲介都
如何開發屋主的呢？透過調謄本可以知道屋主是誰、戶籍地在
哪，連什麼時候買、買的時候貸款多少錢都一清二楚！

不過，最近內政部已修正土地登記規則，未來除非是屋主或代
理人外，申請的謄本將隱匿屋主地址，但其他資訊仍會揭露喔！

藉由調閱戶籍謄本,了解房子的持有狀況,避免碰到紛爭。

　　「謄本」可分為「土地謄本」及「建物謄本」。不管是「土地謄本」或「建物謄本」,內容都可以分成「標示部」、「所有權部」及「他項權利部」。

標示部

載明土地/建物面積、公告現值。

所有權部

主要記載所有權人的姓名、權利範圍、住所、取得時間與原因。

他項權利部

可看出土地/建物的權利、權利的種類及狀況等。

　　一般人對於謄本總是覺得很複雜,其實沒那麼難懂喔!我用範例直接跟大家說明:

土地登記第二類謄本（部分）

南港區經貿段 ●●●●-0000地號

列印時間：民國103年02月18日16時33分　　　　　　　　　　頁次：1

本謄本係網路申領之電子謄本，由好事一二三股份有限公司自行列印
謄本檢查號：●●●●●●●●●●●●●●●●●●●●●●●●●●●●●●●●●●
，可至：http://ttt.land.hinet.net/ 查驗本謄本之正確性
松山地政事務所　主任　簡玉昆
松山電謄字第00●●號
資料管轄機關：臺北市松山地政事務所　　　　謄本核發機關：臺北市松山地政事務所

*************　土地標示部　**************

登記日期：民國097年06月16日　　　　　登記原因：逕為地目變更
地　目：建　　　　　等則：--　　　　　面　積：****6,277.59平方公尺
A 使用分區：住宅區　　　　　　　　　　　使用地類別：（空白）
民國103年01月 **B** 公告土地現值：**255,000元／平方公尺
地上建物建號共128棟
其他登記事項：（權狀註記事項）經貿段●●●●建號至●●●●建號之建築基地地號：經貿段●●●●地號

本謄本未申請列印地上建物建號，詳細地上建物建號以登記機關登記為主

*************　土地所有權部　**************

（0001）登記次序：0212
登記日期：民國102年●●月●●日　　　　　登記原因：買賣
原因發生日期：民國102年04月12日
C 所有權人：●●●●●
住　　址：●●●●●●●●●●●●●●●●●●●●●●●●●
D 權利範圍：*****10000分之70********
E 權狀字號：102北松字第●●●號
F 當期申報地價：102年01月***43,440.0元／平方公尺
前次移轉現值或原規定地價：
102年04月　**194,000.0元／平方公尺
歷次取得權利範圍：*****10000分之70********
相關他項權利登記次序：0●●-000
G 其他登記事項：（空白）

*************　土地他項權利部　**************

（0001）登記次序：0206-000
收件年期：民國102年　　　　　　　**H** 權利種類：最高限額抵押權
　　　　　　　　　　　　　　　　　字號：南港字第●●●●號
登記日期：民國102年●●月●●日　　　登記原因：設定
I 權利人：澳盛（台灣）商業銀行股份有限公司
住　　址：台北市信義區松仁路7號十二、十六、十七、十八樓
債權額比例：全部　***1分之1***
J 擔保債權總金額：新台幣*************38,400,000元正
擔保債權種類及範圍：擔保債務人對抵押權人現在（包括過去所負現在尚未清償）及將來在
本抵押權設定契約書最高限額內所負之債務，包括借款、信用卡消費
款、票據、保證、透支、債務承擔、不當得利；及其衍生之債務，含
本金、利息、遲延利息、違約金、抵押權人墊付擔保物之保險費用、
對債務人取得執行名義之費用、強制執行之費用、參與分配之費用、
其他經雙方所約定之各項費用與因債務不履行而發生之損害賠償
擔保債權確定期日：民國１３２年●●月●●日
清償日期：依照各個契約約定
利息(率)：依照各個契約約定
遲延利息(率)：依照各個契約約定
違約金：依照各個契約約定
其他擔保範圍約定：1．取得執行名義之費用。2．保全抵押物之費用。3．因債務不履
行而發生之損害賠償。4．因辦理債務人與抵押權人約定之擔保債權
種類及範圍所生之手續費用。5．抵押權人墊付抵押物之保險費及按
墊付日抵押權人基準利率。
K 債務人及債務額比例：●●●●●債務額比例全部

（續次頁）

土地登記第二類謄本（部分）

南港區經貿段 00███-0000地號

列印時間：民國103年02月18日16時33分　　　　　　　　　　　　頁次：2

權利標的：所有權
標的登記次序：0212
設定權利範圍：*****10000分之70********
證明書字號：102北松字第0██████號
設定義務人：███████
Ⓛ 共同擔保地號：經貿段 0██-0000
Ⓜ 共同擔保建號：經貿段 0██-000
其他登記事項：（空白）

〈 本謄本列印完畢 〉

※注意：一、本電子謄本係依電子簽章法規定產製，其所產製為一密文檔與地政事務所核發
　　　　　紙張謄本具有同等效用。
　　　　二、若經列印成紙本已為解密之明文資料，僅供閱覽。本電子謄本要具文書證明效
　　　　　用，應上網至　http://ttt.land.hinet.net/　網站查驗，以上傳電子謄本
　　　　　或輸入已解密之明文地政電子謄本第一頁的謄本檢查號，查驗謄本之完整
　　　　　性，以免被竄改，惟本謄本查驗限為三個月。
　　　　三、前次移轉現值資料，於課徵土地增值稅時，仍應以稅捐稽徵機關核算者為依據。

看土地謄本必看重點

Ⓐ **使用分區** 看是商業區、住宅區、工業區等。

Ⓑ **公告土地現值** 每年1月1日公告，做為土地增值稅與徵收私有土地補償地價的標準。

Ⓒ **所有權人** 確認所有權人是否與賣方相同，與權狀上的姓名也相同，否則可能權狀是偽造文書。

Ⓓ **權利範圍** 這間房子的土地持分比例。

Ⓔ **權狀字號** 應與權狀相同。

Ⓕ **當期申報地價** 每三年重新評估，並於1月1日公告，課徵地價稅用，與上面的「公告土地現值」不同。

Ⓖ **其他登記事項** 如有查封、限制登記等情形，這裡會寫。

Ⓗ **權利種類** 通常為房貸。

Ⓘ **權利人** 通常是房貸，所以應不會有自然人或非銀行。如是一般人名，表示是民間私人借貸，以房子做抵押。

Ⓙ **擔保債權總金額** 貸款金額×1.2倍，可用來回推購買成本，如仲介表明屋主當時貸款8成，表示買價＝（38,400,000／1.2）／0.8＝40,000,000

Ⓚ **債務人及債務額比例** 通常是屋主，如果不是，則表示有其他人用此房子去抵押貸款。

Ⓛ **共同擔保地號** 有時座落的土地不只一筆，因為建物可以橫跨在多筆土地上 。

Ⓜ **共同擔保建號** 對應權狀一筆等於一張權狀。

建物登記第二類謄本（部分）

南港區經貿段　OO███-OOO建號

列印時間：民國103年02月18日16時33分　　　　　　　　　　　頁次：1

本謄本係網路申領之電子謄本，由好事一二三股份有限公司自行列印
謄本檢查號：████████████，可至：http://ttt.land.hinet.net/ 查驗本謄本之正確性
松山地政事務所　主　任　簡玉昆
松山電謄字第000204號
資料管轄機關：臺北市松山地政事務所　　　　謄本核發機關：臺北市松山地政事務所

＊＊＊＊＊＊＊＊＊＊＊＊　建物標示部　＊＊＊＊＊＊＊＊＊＊＊＊

登記日期：民國097年07月15日　　　　　　登記原因：第一次登記
建物門牌：████路███巷██號██樓
建物坐落地號：經貿段　00██-0000
Ⓐ主要用途：住家用
　主要建材：鋼筋混凝土造　　　　　　　　　總面積：＊＊＊＊109.80平方公尺
Ⓑ層　　數：009層　　　　　　　　　　　　層次面積：＊＊＊＊109.80平方公尺
Ⓒ層　　次：█層
建築完成日期：民國097年06月12日
附屬建物用途：陽台　　　　　　　　　　　面積：＊＊＊＊＊12.69平方公尺
　　　　　　　雨遮　　　　　　　　　　　　　　＊＊＊＊＊＊5.92平方公尺
　　共有部分：經貿段00██-000建號＊＊2,724.74平方公尺
　　權利範圍：＊＊＊＊＊10000分之72＊＊＊＊＊＊＊＊
　　其他登記事項：使用執照字號：97使字第███號
　　　　　　　　（權狀註記事項）建築基地地號：經貿段██地號
　　共有部分：經貿段00██-000建號＊＊520.57平方公尺
　　權利範圍：＊＊＊＊＊10000分之510＊＊＊＊
　　其他登記事項：使用執照字號：97使字第███號
　　　　　　　　（權狀註記事項）建築基地地號：經貿段██地號
　　共有部分：經貿段00██-000建號＊＊5,991.45平方公尺
　　權利範圍：＊＊＊＊＊＊＊154分之1＊＊＊＊＊＊＊＊＊
　　　　　　（含停車位編號███號，權利範圍：＊＊＊＊＊＊154分之1＊＊＊＊＊＊＊＊＊）
　　其他登記事項：使用執照字號：97使字第███號
　　　　　　　　（權狀註記事項）建築基地地號：經貿段██地號
　　停車位共計：１５４位
　　建築基地權利（種類）範圍：經貿段██地號（所有權）１００００
　　　　　分之１１６７（含車位編號：４至７、１１至１４、１８、２０、２
　　　　　１、２３至３８、４０、４１、４３、４７至５１、５３至６１、６
　　　　　６至６８、７３至７５、８４至８８、９３至９９、１０３、１０４
　　　　　、１０７至１１５、１２０至１２２、１２７、１２８、１３１、１
　　　　　３７至１４０、１４３、１４６至１４８、１５１、１５２號各１０
　　　　　０００分之８、１至３、８至１０、１５至１７、１９至２２、３９
　　　　　、４２、４４至４６、５２、６２至６５、６９至７２、７６至８３
　　　　　、８９至９２、１００至１０２、１０５、１０６、１１６至１１９
　　　　　、１２３至１２６、１２９、１３０、１３２至１３６、１４１、１
　　　　　４２、１４４、１４５、１４９、１５０、１５３、１５４號各１０
　　　　　０００分之７）
　　其他登記事項：使用執照字號：97使字第███號
　　　　　　　　本建物不得加設夾層，違者無條件拆除，並負擔拆除費用
　　　　　　　　建築基地權利（種類）範圍：經貿段██地號（所有權）10000分之6
　　　　　　　　3
　　　　　　　　（權狀註記事項）建築基地地號：經貿段██地號

＊＊＊＊＊＊＊＊＊＊＊＊　建物所有權部　＊＊＊＊＊＊＊＊＊＊＊＊

（0001）登記次序：0007
登記日期：民國102年██月██日　　　　　　登記原因：買賣
原因發生日期：民國102年██月██日
　所有權人：███████
　住　　址：████████████████████
　權利範圍：全部 ＊＊＊＊＊＊＊＊＊1分之1＊＊＊＊＊＊＊＊＊

　　　　　　　　　　　（續次頁）

建物登記第二類謄本（部分）
南港區經貿段 OO███-OOO建號

列印時間：民國103年02月18日16時33分 　　　　　　　　　　　　頁次：2

權狀字號：102北松字第00███號
相關他項權利登記次序：███-000
其他登記事項：（空白）

　＊＊＊＊＊＊＊＊＊＊＊＊　建物他項權利部　＊＊＊＊＊＊＊＊＊＊＊＊

（0001）登記次序：0005-000　　　　　　　　權利種類：最高限額抵押權
收件年期：民國102年　　　　　　　　　　　　　　字號：南港字第███號
登記日期：民國102年██月██日　　　　　　　登記原因：設定
權 利 人：澳盛（台灣）商業銀行股份有限公司
住　　址：台北市信義區松仁路7號十二、十六、十七、十八樓
債權額比例：全部　＊＊＊1分之1＊＊＊
擔保債權總金額：新台幣＊＊＊＊＊＊＊＊＊＊＊＊＊＊＊＊38,400,000元正
擔保債權種類及範圍：擔保債務人對抵押權人現在（包括過去所負現在尚未清償）及將來在
　　　　　　　　　　本抵押權設定契約書最高限額內所負之債務，包括借款、信用卡消費
　　　　　　　　　　款、票據、保證、透支、債務承擔、不當得利；及其衍生之債務，含
　　　　　　　　　　本金、利息、遲延利息、違約金、抵押權人墊付擔保物之保險費用、
　　　　　　　　　　對債務人取得執行名義之費用、強制執行之費用、參與分配之費用、
　　　　　　　　　　其他經雙方所約定之各項費用與因債務不履行而發生之損害賠償
擔保債權確定期日：民國133年██月██日
清償日期：依照各個契約約定
利息（率）：依照各個契約約定
遲延利息（率）：依照各個契約約定
違 約 金：依照各個契約約定
其他擔保範圍約定：1．取得執行名義之費用。2．保全抵押物之費用。3．因債務不履
　　　　　　　　　行而發生之損害賠償。4．因辦理債務人與抵押權人約定之擔保債權
　　　　　　　　　種類及範圍所生之手續費用。5．抵押權人墊付抵押物之保險費及按
　　　　　　　　　墊付日抵押權人基準利率。
債務人及債務額比例：███債務額比例全部
權利標的：所有權
標的登記次序：0007
設定權利範圍：全部 ＊＊＊＊＊＊＊＊＊1分之1＊＊＊＊＊＊＊＊＊
證明書字號：102北松字第00███號
設定義務人：███
共同擔保地號：經貿段 00██-0000
共同擔保建號：經貿段 00██-000
其他登記事項：（空白）

　　　　　　　　　　　〈 本謄本列印完畢 〉

看建物謄本必看重點

Ⓐ **主要用途** 看是不是住家用。

Ⓑ **層數** 總樓層。

Ⓒ **層次** 座落在第幾樓。

Ⓓ **擔保債權總金額** 和土地謄本上的金額應相同。

注意1 抵押權人的部分

　　特別要注意的是「他項權利部」，由於一般人買房子大多會使用房貸，有向銀行貸款的土地和房子，在謄本上「他項權利部」的「權利人」會出現金融機構，權利種類通常為「抵押權」。**如果有出現其他非金融機構的抵押權人，甚至出現自然人的名字，表示屋主可能有跟民間單位借貸，甚至可能是地下錢莊。**有些屋主因為缺錢，除了跟銀行借貸外，還有跟民間單位借貸二胎、三胎，如房子被法拍，必須先還完銀行的貸款後，第二順位、第三順位的債權人才可以針對餘額求償，因為風險較大，所以二胎、三胎的利息通常很高。如調謄本發現屋主借貸很多胎，表示他的經濟狀況不太好，真的很缺錢。

　　除了「權利人」外，「他項權利部」的「設定義務人」通常和所有權人相同，如果出現其他人的名字要特別留意，可能是其他人以此土地、建物作為抵押貸款。有些房子的所有權人是爸爸，但被兒子拿去抵押貸款，就知道屋主的兒子有經濟上的壓力…可能也是屋主為何要賣房子的原因。

注意2 有沒有「擔保債權總金額」

　　此外，如有辦理房貸，「他項權利部」會出現「擔保債權總金額」，通常為貸款金額的1.2倍。例如：擔保債權總金額為3840萬，表示屋主當初跟銀行貸款金額為3840萬／1.2=3200萬。

　　「擔保債權總金額」資訊在議價時特別好用，以上述的例子來看，如果屋主說他急需用錢，而房子才剛買不到1年，可能還在寬限期內，表示他的本金可能沒還掉多少。這種情況下，要他賣低於3200萬幾乎是不可能的事，因為賣掉房子所拿到的錢連還掉房貸都不夠，根本沒有多的錢可以滿足他急需現金的需求。但如果從仲介打聽到他急需現金300萬，那3600萬有可能是他願意賣

的價格（3200萬把房貸還掉，另拿到400萬扣掉稅費等，還夠滿足他的資金需求。）

另外，「擔保債權總金額」資訊對推敲屋主的取得成本也有幫助。例如：擔保債權總金額為3840萬，表示屋主當初跟銀行貸款金額為3200萬。如果屋主當初貸款7成的話，屋主當時的購入成本則為3200萬／0.7＝4570萬。**要特別注意的是，這個計算只能當成推估喔！因為每個物件、每個人的貸款成數都不同，因此不能當成萬靈丹。**舉例來說，屋主如果貸款8成，則屋主當時的購入成本即為3200萬／0.8＝4000萬；反之，如果屋主當時的貸款為6成，則屋主當時的購入成本為3200萬／0.6＝5333萬。可以透過與屋主、仲介聊天交流資訊時，多方了解。

留意「共同擔保地號」和「共同擔保建號」

有些建物坐落的土地不只一筆，需核對共同擔保地號及建號是否與所有權狀相同，如果不同，可能屋主只拿一塊土地做出售，並未將其他的土地予以過戶，這就是有瑕疵的產權。通常合格的仲介應該在接受委託時先調查產權，不過，如果遇到不夠盡責的仲介，就可以自己調閱謄本先看一下。**只要短短20分鐘，花個幾十元就能避免買到產權複雜的物件，很值得的！**

謄本上有許多重要資訊。有時仲介說賣方是一手屋主，一看謄本發現其實是剛買一年的投資客…從謄本中也可以推算屋主的貸款大概還剩多少錢、他當時可能買多少、屋齡多久…等。我曾經看過一個房子，它的「其他登記事項」有「查封」字眼，一問之下才知道前屋主是從法拍的途徑取得這間房子，但沒有去塗銷資料，因此可以推估他取得的成本很便宜，這些都是議價時可以參考的重要資訊喔！

3招必殺技, 了解區域行情, 房價省下25%!

Tip 每次看屋回來，我會花時間根據區域行情做好完整的筆記，方便自己比較參考。

方法 1 直接找仲介了解大概行情

大家剛開始看屋，一定很容易對行情感到疑惑，尤其是開始查詢實價登錄後，會發現明明都在同一個生活圈，相似的屋齡和樓層，為什麼有成交每坪30萬的，也有成交每坪35萬的？這是因為成交行情，其實是一個價格區間，從來就不是一個固定的價格，只是我們可以從中計算「均價」（建物每坪的平均單價）。就算在同一個生活圈，不同的路段、不同的巷弄就是會有不同的行情，所以在分析行情時一定要特別細心才行。

對於剛開始看房子的朋友，我個人認為最好的方式就是直搗黃龍 —— 實際走訪仲介門市，表明你剛開始在找這一帶的房子，對行情還不熟，問他們有沒有地圖，可否跟你說明一下這附近的區域行情。如果你遇到的仲介夠專業，就會將區域分成許多小區域，針對不同的小區域分別分析行情給你聽。

👍 先做功課：路段、巷弄行情各有不同

以我熟悉的台北市內湖東湖為例，東湖可以簡單分為以下幾個區域，每一小區的行情都有很大的差異：葫洲捷運站附近的內湖二期重劃區（成功路五段和康寧路三段路口東北側）、明湖國小、明湖

國中一帶（康寧路三段）、東湖路一帶（東湖路上的門牌號碼越小的，表示越靠近康寧路三段，行情越高。如果是巷弄裡的房子，則和巷弄位置與巷弄寬窄有關）、康樂街（康樂街85巷前，較接近東湖國小，行情比較高；康樂街85巷後，較靠近東湖國中，因為離東湖捷運站較遠，行情略低一些）、五分街、安康路（菜市場街，離東湖捷運站很近，但菜市場的環境比較亂，白天早市較為喧囂吵雜，行情則依是否位於市場裡面而異）。

　　熟悉每個路段的行情有個好處，一樣都是東湖捷運站附近，如果仲介今天通知我有間在東湖路頭的公寓，屋主急售，每坪只要35萬就賣，我一定馬上去看，如看過OK我馬上就用每坪32萬下斡旋，慢慢加到35萬。反之，如果那間公寓是在康樂街頭，我一定會談到30萬、甚至28萬以下才會考慮買，價格馬上差25%。仲介可能告訴我，東湖捷運站附近的平均行情是40萬，這一間只要35萬，很便宜……他說的平均行情40萬可能是對的，可是那是捷運站附近街廓漂亮路段的成交價，和狹小巷弄間的物件行情可是差很多喔！如果不是對區域行情有全盤的認識，我一定不敢這麼快做決定，也容易被仲介誤導。

⭐ 整合仲介意見、衡量自己需求

除了說明你詢問的小區域之外，仲介可能還會跟你分析大區域的區域行情。經過仲介的介紹，我將內湖分為以下幾區：正內湖（捷運西湖站、港墘站、文德站、內湖站、大湖公園站）、東湖（捷運葫洲站、東湖站）、內科園區（瑞光路一帶，目前無捷運）、內湖四期重劃區（民權東路六段一帶）、內湖五期重劃區（行善路一帶）。

光每一區又可以針對不同的路段分析不同的區域行情。如果你有興趣，可以針對每一區找3～4位仲介，請他們用地圖分析給你聽，聽完十幾個仲介分析完再將資料整合一下，你也變成超級「內湖通」了！

除了利用地圖針對路段來做區域行情分析之外，如果你看的房子是較新的重劃區，大部份的社區都有建案名字。由於每個社區的特色不同，公設設計（有的社區有游泳池、健身房、閱覽室，有的社區雖然公設比亦近30%，但是公共設施卻很少）、屋齡、建材、管理等也都各有特色，所以行情各有不同。

如果你喜歡重劃區的房子，一樣可以善用仲介提供的地圖，地圖上通常會標明每一個社區的位置，再上網Google看一下每個建案的屋齡、公設比、公共設施、戶數等，也可以針對每個社區挑1～2間待售的物件約看，篩選完之後大約只會剩下幾個社區符合你喜歡的條件，當這些社區有釋出物件時，你就可以好好考慮是否要購入。

⭐ 做筆記、整理表格，好物件不錯過

每當我研究一個新區域時，總是會用這樣的方法土法煉鋼一次。我會花個周末挑10幾個物件看，回來再上網查行情、做功課，尤其現在又有House123實價登錄行情查詢工具可以用，非常方便，然後再挑其他的物件繼續看。以台北市的南港經貿園區重劃區的「經貿區」為例，我可以比照仲介提供的地圖，並google

所有社區的地址、屋齡、建商、坪數、公設比、戶數等整理成一張表，再從中挑選符合我坪數需求的所有社區看一輪。就連研究台中七期重劃區、高雄美術館特區，我也比照這樣的方式做一次。

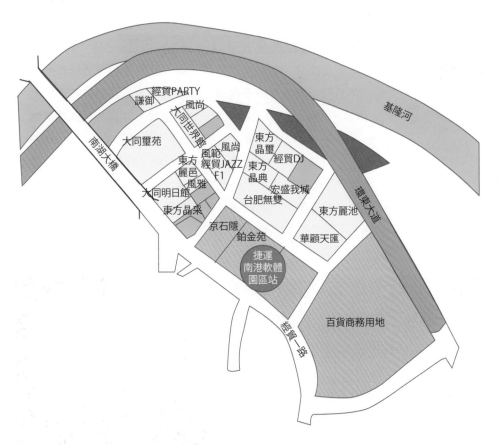

你問我：「這樣不是很花時間嗎？」是啊！是很花時間，可是，一間房子少則數百萬，高則數千萬，不值得我們花這些時間嗎？

至於資料要怎麼取得，基本上當你有了清楚標示的地圖，多跟幾個仲介聊天，加上Google大師的幫忙，一定都找的到。許多直營和加盟仲介都不乏專業又用心的經紀人，由於仲介深耕當地區

域，對於路段行情相當熟悉，請教他們也是一個很好的方式，又可以培養你跟房仲成為好朋友，一舉兩得！當你對區域行情有更完整的認識，有便宜的好物件出現時，你會更有信心，適時掌握機會！

我的
小撇步

廣結善緣，從中篩選質感好的仲介！

剛開始接觸一個新區域的房子時，最好多挑不同仲介的物件看屋，因為，從不同仲介口中通常會接收到更多不同的資訊。例如：我今天要看某一區的房子，我會上網先瀏覽物件，挑3~4間物件約看，而且這些物件全部來自不同仲介經紀人，而非一家仲介連看4間。等到看了好幾間，開始對這一區的行情和環境比較熟時，大約也認識了十幾位這一區的仲介。這時就可以針對這些仲介中幾個比較用心、質感較好的，把需求條件列給他們，請他們幫忙留意合適的物件囉！

方法 2
多逛預售屋的接待中心

除了看中古屋，我也很喜歡逛預售屋的接待中心。除了有免費的咖啡可以喝（有時還有三明治和義大利麵可以點餐），還可看看美美的樣品屋（雖然裡面充滿各種廣告陷阱，但許多裝潢的巧思還是很值得學習）。更重要的是，在接待中心裡的那一個多小時，接待我的小姐會傾全力為我介紹關於這個區域的發展藍圖和未來1到10年的所有利多（多棒的資訊！聽完她的匯整後再回家Google做功課可就輕鬆多了！）

從預售屋接待中心可以取得區域建設的發展資訊。

我蠻喜歡逛預售屋的接待中心, 可以吹冷氣聽簡報,
不過, 回去記得還是要google做功課。

預售屋的樣品屋有許多裝潢的巧思值得學習。

　　你知道某一塊地最近被哪一個財團買下來,準備蓋商場嗎?哪
一條捷運線的預算剛通過,即將實地勘查決定路線和車站地點?
哪裡準備要蓋高架橋或隧道,讓對外交通更便利?哪一塊地要規
畫為萬坪公園?哪一家大企業的總部要遷到這裡?…這些會影響
區域行情的資訊,銷售小姐不僅已經為你整理好,還會提供圖文
並茂的資料供你參考,你要做的只是記下來,回家google。

只要熟悉區域的公共建設計畫，在建設完成之前先去買，自住等增值，等到建設完成，就能買到「以後看起來便宜」的房子，如果未來有需要換屋，也可以享受一波增值的空間。

善用Google，它是最好的房產大師

　　想要探詢心中想買的房子所在的地段區域行情，當然要好好善用網路資訊，其中最厲害的我們首推為Google大師！

　　在Google上輸入任何你有興趣的區域，後面再加「房地產」或是「房價」，會看到許多相關的新聞或文章，你可以邊瀏覽邊做筆記，遇到不知道的新知識就再進一步請教Google大師，如果Google大師也查不到，就先記下來，下次看房子時請教仲介。

　　另外，當你想知道某個建案的成交價或是優缺點，也可以輸入建案名稱，搜尋結果除了會看到該建案的詳細資料、新聞稿或相關報導，也會看到許多網友實際議價的經驗分享，是個很有效率的研究管道。

　　不管輸入的是哪一種關鍵字，只要跟房地產有關，幾乎都會搜尋到某些討論區。如果你曾經瀏覽過這些討論串，你可能會被正反交戰的文章給嚇到。畢竟，**不管在什麼時間點，一定都有對房市樂觀的人，也有對房市悲觀的人**。這時可以參考兩種不同觀點的網友意見，但記得，要保持中立，不要因此左右了你好好看房子的動力。不管什麼時候，都有買的便宜、物超所值的房子，也有買太貴的房子。

　　只要你把基本功練好，在瀏覽眾多文章與討論時，你便能夠有信心分辨房市訊息，隨時準備好自己，在好房子出現時，就能好好把握機會，不會猶豫喔！

Q 低於銀行估價的房子,一定有買到便宜?

A 我們都知道銀行的估價通常比較保守,因此有些仲介會以「銀行估價已經估到xx萬」來彰顯屋主的價格真的很便宜。如果屋主的價格低於銀行估價,是不是就一定安全呢?

錯!就像實價登錄裡的行情從來不是一個固定的價格,而是一個區間,銀行的估價也是一個範圍。例如,鄰近成交行情30～35萬,有銀行估價30萬,也一定有銀行可以估到35萬,當銀行貸款缺業績時,甚至有機會估到36、37萬。有些區域的成交行情落差很大,如台北市中山北路,新成屋動輒80、90萬,中古華廈很多都不到50萬,如果有銀行將某間中古屋提高估價到近60萬,而屋主要賣52萬,其實價格並沒有便宜到哪裡去,別因此掉入銀行估價迷思。

第3章

中古屋看屋、議價技巧大公開

掌握看屋重點,教你出個好價,達人的10個技巧一定要學!

記下14個口訣，
第一次買屋就上手！

Tip 看屋是有訣竅，否則看了幾遍，
依舊沒看到重點！

**風火水電光，天地牆柱窗，
地段、環境、價格、收益**

「愛莉，妳最近什麼時候會再去看房子？我可以跟妳去嗎？」

「愛莉，看房子要看些什麼？我每次去繞一圈不到3分鐘就看完了…到底要看什麼？」

「我看書上說，一間房子至少要看三次。晴天看一次、雨天看一次、白天晚上都要各看一次…真的要看這麼多次嗎？」

這些問題我常常被問到，尤其是前兩個，因為許多人都不知道看房子是要看些什麼。明明是進去同一間房子繞了一圈，怎麼每次我看到的問題，出來之後問他有沒有發現，他都沒印象？！

有些專家將看房子的注意事項編成了口訣，我覺得挺好記的：

- 風（通風、風水）
- 火（瓦斯管線、室溫、消防安全）
- 水（水管管路、漏水、壁癌）
- 電（電路管線、家電設備）
- 光（採光、座向）
- 天（天花板）

- 地（地板）
- 牆（牆面、隔間、格局、動線）
- 柱（樑柱）
- 窗（門窗）

還有評估未來增值效益的八字訣：
- 地段（交通、生活機能、使用分區、長期發展性、學區⋯）
- 環境（景觀、居家安全、鄰居、公設⋯）
- 價格（售價、貸款、裝潢費用、仲介費用⋯）
- 收益（租金、未來房價增值性）

萬無一失！跟著我的看屋路線準沒錯！

　　除了熟記這些朗朗上口的口訣外，看房子有許多眉眉角角，我將看屋的流程整理成一個「看屋路線圖」，就像到一個景點旅遊一樣，完整的走一次，並問「對的問題」，就萬無一失啦，跟著我一起出發！

購買中古屋前，必須先勤做功課，記好 14 個口訣，保證看屋不遺漏。

新手選屋第一步，
購屋環境仔細看分明

> Tip 用你的火眼金睛，把附近環境、屋況一一徹底掃描，小細節也不放過。

重點 *1* 走進房子前，注意路寬或巷弄寬度

 消防車進得來嗎？

　　一般約看都會跟仲介、屋主約在樓下或是巷口，走進去要看的房子前，先看一下路寬或巷弄寬度會不會太窄太小，或是路邊有無停車？一般最小台的消防車寬度至少也要2.1米。畢竟安全是最重要的事，如果巷弄太小，或者路邊有停車，就要特別留意。

有的巷弄的寬度太小，消防車進不來，如有火災意外將無法進行救援。

👆 是不是無尾巷?

　　如果是巷弄,要留意是不是無尾巷。一般巷子如果走到底沒有路了,就是無尾巷,也就是俗稱的「死巷」。如果巷子很長,看不到巷子的盡頭,那沒有關係,如果一看就看到巷子的盡頭,通常對風水有忌諱的人會在意,覺得是種「無路可走」的象徵,對健康、財運會有影響。就算你不在意,下一個買你房子的人也可能在意喔!

無尾巷在許多長輩眼中為風水瑕疵,即使你不介意,下一個買你房子的人也可能在意喔!

重點 2　走進房子後,每個房間先走一圈

👆 第一印象很重要

　　進房子後先感覺一下這個房子的氣場,也就是對這間房子的直覺和第一印象。如果感覺不好,可能通風、採光條件不佳,或之前住在這個空間的人能量不太好。雖然看房子有許多技巧,不過第一印象非常重要,不要忽略你的第一印象。

走進房子,先到每個房間走一圈,感受一下這間房子的氣場,看通風、採光條件好不好。

👆 對照格局圖

　　用心的仲介在帶看時應該會準備一份新的格局圖給你參考，如果他沒有準備，可以參考仲介在網路上刊登的格局圖（事先列印出來帶去）看屋時可以邊對照手上的格局圖，看開門和開窗的位置是否正確？每個房間的大小比例是否無誤？格局是否方正？陽台或露台有沒有外推？有沒有加蓋？坪數多少？（陽台外推或加蓋可以增加室內使用空間，但也可能被報拆，要求回復原狀）

> 看屋時可以邊對照手上的格局圖，看開門和開窗的位置是否正確？每個房間的大小比例是否無誤？格局是否方正？陽台或露台有沒有外推？有沒有加蓋等？

👍 客廳、浴廁和每間房間的通風、採光

　　對照好手上的格局圖，接下來要來感受一下每個空間的通風和採光。台灣人喜歡「明堂暗室」，也就是客廳很明亮，最好有大面採光，至於房間則不一定要有大窗戶。不過，最好每一間房間還是都有對外窗，保持良好的通風、採光。如果連浴廁都有對外開窗更好，可以減少浴廁潮濕的情形。

> 除客廳外，最好每間房間都有對外窗，保持良好的通風、採光。

👍 房間動線

　　實際從客廳、餐廳、浴廁走到每個房間看看動線好不好？從廚房走到餐廳的動線是否流暢？從洗衣機的水管預留處走到晾衣服的地方是否方便？因為住起來是否方便舒適，居家動線可是佔了很大一部分因素喔！如果動線設計不良，未來變更格局還要大興土木，費用可就不小了。

廚房到餐廳的動線是否順暢？

房間到公共區塊的動線順不順？有沒有浪費空間？

👍 座向

　　房子的座向影響了居住的舒適性。朝西的房子會有西曬的問題，夏天室內溫度會比一般高上許多，比較燥熱。朝北的房子就需考慮冬天會不會太冷。如果能坐北朝南，那就更好了。除了詢問仲介、屋主房子的座向外，也可以使用你手機裡的電子羅盤來檢查喔！

會不會西曬？冬天迎東北風會不會很冷？

買屋關鍵問

Q 朝西和朝北的房子是不是真的一定不好呢？

A 其實，房子的座向雖然會影響光線和風進來的方向，但還是要考慮棟距以及區域的氣候條件。一樣是朝北的房子，一間距離鄰房只有10米，一間則是面對空曠的空地，冬天颳起北風，哪一個會比較冷呢？

此外，有些區域比較潮濕，如果房子座向朝東或朝西，就算有東曬或西曬的情形也沒甚麼不好，雖然室內溫度可能會高些，但相對乾爽些，牆壁也比較不會含水氣。有些區域冬天本來就比較濕冷，如果房子坐向還朝北，冬天颳起風來可就更冷囉！

室內風水格局

中國人重視風水，最常見的三個室內風水瑕疵就是「開門見灶」、「開門見廁」和「廁所居中」。

「開門見灶」是風水上的大禁忌，如果原屋格局不能改變，可以考慮加屏風、小簾子，或做一個較高的吧檯桌將爐灶遮住。

「開門見灶」是大門一打開第一眼就看到廚房。古人說：「開門見灶，錢財多耗」。即入門見到灶，火氣沖人，使財氣無法進入。如果原來的格局不能改變，那可以考慮一下是不是加個屏風或小簾子，或是像許多小坪數的設計師一樣，做一個較高的吧檯桌將爐灶遮住，這樣就不會一進門就看到爐灶。同樣的道理是，就算你不在意，下一個買你房子的人也可能在意喔！

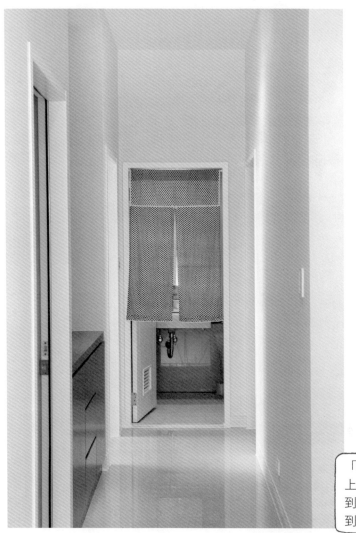

「開門見廁」是風水上的大禁忌，尤其對到廁所大門或是看到馬桶。

　　「開門見廁」是大門一打開就看到廁所，猶如穢氣迎人，「廁所居中」則是指廁所在房子的中心，風水學認為，臭氣濕氣都集中在這裡，財氣也從中間洩掉，有大漏財的風險。由於廁所的管道間要移比較不容易，如果你看的房子有以上兩種問題，除非有破解的方法（例如：「開門見廁」可以考慮以門簾或屏風遮擋，或將廁所門作隱藏門）並且以這個風水瑕疵，好好的殺價一下，買到真的很便宜的價格，不然的話建議不要考慮喔！

Q 如果我現在住的房子有「開房見廁」的問題怎麼辦？

A 其實，大部分的風水瑕疵都有方法可以破解。如果可以放一個屏風遮擋當然最好，如果真的不行，還有一個妙招是風水老師教我的：你可以在廁所的門上裝一個門簾（長度過半），平時如廁完就把馬桶蓋蓋上。再用一張約50元硬幣大小的紅色紙，上面寫著「焱」，貼在家裡的大門上（對著廁所的那一面）。因為廁所代表濕氣、穢氣，而「焱」代表太陽，將太陽對著廁所就能消除廁所的濕氣、穢氣。是不是很簡單呢？

重點 3 走到每個窗戶邊觀看細節

檢查窗戶的種類，並將所有的窗戶關起來，看看隔音性如何，如果還是聽得到戶外的噪音，就表示隔音效果不理想。

窗戶檢查

走到每個窗戶，仔細看一下是加厚的隔音窗、氣密窗還是一般的窗戶？關起來之後有無縫隙？好關嗎？

一般來說，氣密窗沒有隔音的效果，因為窗的架構細，不足以承載厚重的隔音玻璃，但是可以防風防雨。隔音窗則包含氣密、隔熱與隔音。一個好的隔音窗的外框與內框十分密和，使用的玻璃種類和厚度也很足夠。看屋的時候可以問仲介或屋主該物件提供的是隔音窗、氣密窗還是一般的窗戶，然後把所有的窗戶關起

來，看看隔音性如何。因為重新訂做窗戶的費用不低，加上有些社區的管委會規定住戶的窗戶必須統一找特定的廠商施作（以維持同樣的外觀），所以在看屋時要多加留意。

👍 棟距夠不夠

就算房子有四面採光，倘若每一面都被鄰房擋住，這樣的採光和通風也會大打折扣。所以，看屋時記得從窗戶往外看一下與隔壁棟的距離，如果棟距太近，甚至還看得到隔壁鄰居在做什麼，就真的太近囉！

從各個窗戶往外看一下與鄰房的棟距，因為棟距會影響居住隱私、通風和採光喔！

👈 室外風水是否合宜？

走到窗戶邊，看每一個窗戶有沒有對到路沖、反弓煞、天斬煞、壁刀煞。

● 路沖

房屋大門直接面對巷子或馬路即為「路沖」。有些人對於社區車道上的房子也認為有路沖的疑慮，尤其是車道正上方2樓的房子。一般車道上2樓的房子大多為整個社區中價格最低的，如果個人真的不忌諱，在議價時也要記得談低一點喔！

● 反弓煞：

前面有天橋、高架橋、捷運、街道或水溝成反弓形，而彎角直沖大門或窗口即為「反弓煞」。相反地，如果前面有水溝成弓形，順著大門的方向蜿蜒，像把房子懷抱起來一樣，以風水來看有匯集福氣的象徵，反而是好風水喔！

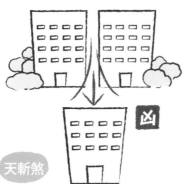

● 天斬煞

房屋面對兩幢高樓大廈之間的一條狹窄空隙即為「天斬煞」。

●壁刀煞

房屋大門或窗口直接面對其他人房屋的壁面邊角即為「壁刀煞」。

壁刀煞

重點 4 室內屋況仔細檢查

👍 廚房、浴室仔細看

●檢查水流

走到浴室和廚房，開一下水龍頭，順口提問：「是自來水吧？」看水流是否乾淨，流量大不大。可以拿幾張衛生紙丟進廁所的馬桶試著沖水看看，也可以把蓮蓬頭、水龍頭的水同時打開，再同時沖馬桶，看水流會不會因此變小，是否有水壓不足的問題。

浴室和廚房的牆壁、天花板最容易有滲水、漏水、壁癌等問題, 不可不慎！

●檢查滲漏水

用手摸一下浴室和廚房的牆壁，看一下天花板，看有沒有滲水、漏水或是壁癌。

●其它配備

看一下浴室和廚房是否乾淨，配備是否適合你的需求。

看一下浴室和廚房是否乾淨, 配備是否適合你的需求。

👍 天、地、牆

● 天花板會不會太低？

一般的樓層高度大多為3米，扣掉樓地板的厚度約15公分後，淨高只剩下2.85米左右，如果屋主的天花板做的太低，就會有壓迫感。

有些房子雖然有挑高，但屋主為了增加使用面積，可能會做夾層。當夾層的面積過大或是高度沒規劃好，也容易給人不舒服的壓迫感。看屋的時候，除了考量自己的身高外，別忘了也要從家裡身高最高的人的角度來體驗，如果看屋的那十幾分鐘感覺還好，不如多在室內停一會兒，看看會不會有壓迫感。

夾層的房子只要挑高高度及天花板設計得好, 也不至於給人不舒服的壓迫感。

● 地板是否平整？

除了善用小彈珠外，如果身邊有裝水的保特瓶，也可以把它放在地上看會不會滾走，來測試地板有沒有傾斜。另外，也要注意地板接縫是否平整，磁磚或木地板有沒有翹起來或熱脹冷縮的現象。

注意地板的平整度, 有沒有凸起或地磚破裂情況？

仔細檢查每面牆的材質, 用手敲敲看, 並仔細看牆面、樑柱有沒有壁癌、龜裂現象。

● 檢查牆壁、樑柱

用手指的關節敲一下, 檢查每面牆的材質是磚牆、輕隔間（C型鋼兩邊加隔音棉再鋪矽酸鈣板）、木板還是鐵皮？是實心還是空心？並看一下牆面、樑柱有沒有壁癌？龜裂？

👍 電源

● 插座數量與位置

如果看到這裡, 目前為止這間房子都符合需求, 條件也不錯, 那就可以仔細檢查一下每個房間插座數量和位置是否合用。不過, 插座相對是小事, 真的不夠用的話, 裝修時請水電師傅再拉線即可。

插座的位置及數量是否適當？

● 總電源開關

最後要走之前, 請仲介、屋主給你看一下總電源開關的地方, 看電線是否整齊？有無外露？

電線管路是居家安全最重要的環節之一, 從總電源開關的線路是否整齊, 有無外露可以看出端倪。

重點 **5** 別忽略公共空間和頂樓

●頂樓

　　不管是電梯大樓或公寓，看完後一定要到頂樓看一下，看有無加蓋。如果你買的不是頂樓，最好找沒有加蓋的，空間比較好使用（要曬棉被比較方便）。如果有加蓋，一定要找沒有蓋滿的，還留有露台或平台空間，且樓梯間沒有另外安裝鐵門的，以免火災發生時無法跑到頂樓等待救援。

頂樓最好沒有加蓋，空間比較好使用。

●樓梯間

　　順便看一下樓梯間有沒有堆東西？從樓梯間是否乾淨也可以看出鄰居的素質。

樓梯間最好不要有擺放鞋櫃或雜物的情況。

●公設使用情形

　　如果有公設，也一定要親自看公共設施的使用狀況，看是否有人管理？詢問是否有管委會？管委會運作情形如何？並確認一下每個月的管理費。

公共區域採光好，又能維護的明亮乾淨，絕對有加分的作用。

這是我家大樓的公設，有一個小水池和白砂，夏天可供小朋友嬉戲。

如果有公設，一定要親自看公共設施的使用和維護狀況。

重點
6
如果你買的是頂樓

如果你買的是頂樓, 一定要確認是否有施作防水和隔熱。

要注意防水與隔熱

如果你看的是頂樓,一定要問樓頂有沒有做好防水和隔熱工程。常見的防水方式為塗防水漆,隔熱常見的做法則有搭建鐵皮屋頂、用PS隔熱板作屋頂隔熱、使用遮光網,或塗隔熱塗料。如果防水和隔熱是用塗料的話,要問是幾年前做的,塗了幾層?一般來說,塗越多層效果越好。

確認頂樓加蓋的時間

如果你買的頂樓有加蓋,由於台北市建管局的規定,84年1月1日以前蓋的頂樓加蓋為「舊違建」,市政府定義為「列管」,除非有再外推出去,否則則為「緩拆」。如果是84年1月1日以後蓋的,則是「即報即拆」,如果又曾經被報拆過,則購買的風險很大。而其他縣市雖然沒有這個規定,但我曾請教過建管局的朋

空照圖的申請單位為農航所, 購買頂加前一定要去申請 83 年 12 月 31 日和現在的空照圖, 確認當時頂樓是否就已經加蓋好了, 加蓋面積是否相同。

友，這條規定對他們來說也算是個潛規則，多多少少會參考。

　　所以，一定要問清楚頂樓加蓋是在民國83年12月31日以前蓋的還是之後蓋的，如果是之後蓋的，千萬不要買，因為是即報即拆。如果是之前蓋的，可以請仲介到農航所幫忙調83年12月31日和現在的空照圖，看是否當時頂樓就已經加蓋好了，加蓋面積是否相同。

買屋關鍵問

Q 民國83年底以前蓋的舊違建就不會拆嗎？

A 不管是83年年底以前蓋的，還是之後蓋的，違建就是違建。只是緩拆和即報即拆的差別而已。只要你有裝修，鄰居打電話去建管處檢舉，就有報拆的風險。所以在買頂加時要當成沒有頂加的條件來議價喔！

重點 7 如果有帶車位

👍 車位大小

　　如果房子有帶車位，請一定要親自去看車位，確認可否停得下休旅車。如果是機械車位，雖然第一次看屋可能不會實際操作停車，但如果房子真的喜歡，考慮要買了，一定要實際停一次，看看是不是好操作喔！

機械車位的保養和是否好操作很重要, 如果房子真的有喜歡, 考慮要買了, 一定要實際停一次, 看看是不是好操作喔!

👍 有沒有獨立權狀

車位分三種：「法定停車位」、「增設停車位」、「獎勵停車位」。

「法定停車位」的停車位坪數通常含在建物公設坪數裡，不得外售給非大樓或社區的所有權人，甚至還有區分為：有所有權或是只有使用權。大部分的車位都有編號，每一戶要使用哪一格都是固定的，但也有少數社區的車位需要每半年輪流或抽籤分配位置。至於「自行增設停車位」及「獎勵增設停車位」，只要有獨立權狀就可以單獨買賣。所以看房子時需確認一下車位是否有獨立權狀？還是含在公設中？是有產權還是只有使用權？需不需要輪流或抽籤？

👍 其它

觀察住戶車輛數量與品牌，藉以觀察社區住戶的入住率與經濟能力。

重點 8 走出房子，看看環境

👍 交通與生活機能

如果你對附近的生活環境不熟，看完房子後可以請仲介或屋主帶你繞一下周圍的環境。

搭大眾交通運輸通勤的人要特別留意走到車站要多久？途中的路燈照明設備是否完善？是否有商家？出入馬路是否方便？生活機能是否方便？

仔細看看周遭的環境，若有便利商店，生活機能會方便許多。

看房子一定要注意附近周遭的環境，搭大眾運輸工具方不方便？離市場有多遠？都要列入評估的要件中。

👍 如果你看的是公寓

可以順便問一下附近哪裡可以租車位（就算你現在不開車，未來可能會有需要）車位每個月租金大約多少錢？好租嗎？室內還是室外？

愛莉貼心提醒

看完房子一定要將資料建檔、歸檔！

看完房子後，記得將物件的所有資料和仲介或屋主的名片訂在一起，並標明看屋日期。所有看屋時問到或觀察到的資訊，包含在看屋前已經用電話問到的資訊（尤其是正確的坪數拆分，和建物每坪的實際開價）一定要全部記下來。

有的人說看過100間房子之後才能開始買房子，相信我，如果你看過100間都沒有用心看對地方，你只是很熟練「看屋」這個過程而已，是不會累積心得的。相反地，如果你每間房子都仔細看，問對問題，並且將它們紀錄下來，一件一件建檔、歸檔，你看完30間時已經有一定的實力，可以開始練習出價了。

精準看屋，
一定要問的6個問題

Tip 問對問題，除了不被當肥羊宰之外，也能避免買到瑕疵屋。

問題 1 目前出售情形如何？

　　在看房子時，可以邊問仲介或屋主，這間房子買多久了？要賣的原因為何？賣多久了？是否有緊急資金需求？之前有人出價嗎？出多少，屋主有出來談嗎？以上等問題可以做為你出價、下斡旋或提供意向書、議價的參考。

　　雖然看屋時要打聽屋主的售屋動機和之前其他人出價的情況，但是屋主或仲介說的也不要完全相信喔！有時候你看了很喜歡，仲介說，之前有人出價1000萬但屋主仍不肯出來談，結果你出價800萬，仲介一直叫你下斡旋，他要約屋主出來談……像這類的例子也不在少數，所以問到的資訊當參考就好。

問題 2 附近的學區是哪些學校？

　　現在的爸媽很重視小孩的教育，尤其在12年國教上路後，學區更顯得重要。看房子可以順便問一下所屬的學區是哪個國小、國中、高中，並看距離多遠。

　　特別留意的是，高中的學區規劃以「直轄市、縣市行政區」為原則，目前規劃為15區，分別為：基北區（包括基隆市、臺北市、新

北市）、桃園縣（包括桃園縣、連江縣）、新竹苗栗縣市（包括新竹市、新竹縣、苗栗縣）、中投區（包括臺中市、南投縣）、彰化縣、雲林縣、嘉義縣市、臺南市、高雄市、屏東縣、臺東縣、花蓮縣、宜蘭縣、澎湖縣、金門縣。

以「基北區」為例，北市、新北市、基隆市等三市將視為同一個學區，不需像國中小學非得把戶籍遷到學校旁，避免出現家長遷戶口、搬家、炒房效應。換言之，住在台北市建中旁邊與住在台北市文山區、新北市樹林區的升學機會相同。看房子時可別被廣告呼嚨了喔！

許多知名學區是附近房價的票房保證，就算不是知名學區，也要問清楚所屬的學區是哪個國小、國中、高中，並看距離多遠、小朋友上學是否方便。

問題 3 土地使用分區為何？

常見的土地分區有「商業區」、「住宅區」、「工業區」。「商業區」的好處是可以登記公司，當辦公室使用，缺點是因為同一社區裡可能有公司行號，出入會比較複雜，常見的「住辦混合」屬於這類，通常商業區的價格也會比較貴。「住宅區」不能登記公司，但住戶相對比較單純。而「工業區」的房子雖然價格約為鄰近行情的6折，但不能做住宅使用。

值得注意的是，「工業區」的房子雖然價格比較低，但主要用途通常只能做工業用途，以常見的「乙種工業用地」為例，上面的房子只能做事務所、一般零售業等用途，不能做住宅使用。不僅有許多銀行不承作貸款，就算有承作，最高成數也只能5～7成

不等。此外，由於建照規劃並非供住宅使用，政府可針對住戶罰款，且可連續處罰，加上未來房子增值的幅度也比住宅區和商業區的房子少，購買工業用地的房子前最好多加考慮。

買房子除了看土地使用分區，還要留意建物謄本上的主要用途，看看是住家用、一般事務所、工業用、商業用等，不要輕信仲介的說法，才不會誤踩地雷喔！

Q 工業用地的房子水電費會不會比較貴？

A 在水電費用部分，水費自用與營業費率均相同，但電費有分為住家及營業用電二種，工業用地為營業用電，因此電費也較一般住家來的高。

問題 4

服務費是多少？

如果是透過仲介介紹，需要先跟仲介確認買方的服務費是收幾％？大部分的加盟店是2％，直營店是1％。雖然仲介服務費是可以議價的，但別在一開始看屋時就想砍仲介的服務費喔！可以等最後議價跟自己預算差一點點時跟仲介商量少收一點仲介費。

問題 5

產權是否單純？是否為瑕疵屋？

看屋時可以問仲介或屋主產權是否單純？有沒有輻射、海砂、事故屋的疑慮？這裡先口頭詢問就好，如果真的要議價，可以請仲介提供房地產「現況確認書」，裡面有詳細資料，也可以在斡旋和簽約時在合約上要求，於簽約後由買方付費做輻射和海砂（氯離子含量）檢測，如果測出來太高，則可無條件解約。

不動產標的「現況確認書」是由屋主填寫、針對房屋與土地現況的「聲明書」。一般買方最害怕買到海砂屋、輻射屋、事故屋，也想知道土地及建物目前現況管理與使用情形（如：增建情形、有無分管協議等），都可以由「現況確認書」中得到保障。仲介接受屋主委託時會請屋主填寫，可跟仲介要求審閱，簽約時也要將此「建物現況確認書」做為合約附件，以增加保障。

 買屋關鍵問

Q 可以請屋主在議價前先驗海砂屋嗎？費用該由誰出？

A 「海砂屋」指蓋房屋時混凝土所用的砂，是來自海邊的海砂而非正常使用的河砂。海砂含有氯離子，長期會加速鋼筋腐蝕，造成混凝土塊剝落，嚴重損害房屋結構體。由於海砂屋檢測時需在房子的樑柱附近打三個小洞，去檢測所使用的砂所含的氯離子是否正常（取三個數值的平均值看是否超過檢驗標準），除非本來的屋主就已經做過氯離子檢測，或是之前的建商有提供報告，不然，在雙方價格都還沒談攏前，應該沒有人想讓別人在自己的房子打三個洞吧？所以，實務上的建議是，等議價成功後，在簽約上加註要求屋主讓你自費做檢測（費用通常幾千元），如果測出來的平均值高過標準值，則可無條件解約。

問題 6 附近沒有嫌惡設施？

附近有沒有宮廟、福地、焚化爐、殯儀館、垃圾掩埋場、電塔、發電廠、變電所、加油站等。如果離電塔很近，就算仲介說未來有遷移或地下化的計畫，也要當成它沒有要遷移，如果你還是覺得可以接受的話再買喔！

我有一個朋友，在3～4年前買了板橋殯儀館附近的一間中古屋，而且價錢很便宜，那時她聽朋友說，板橋殯儀館未來即將搬遷，結果等了好幾年，搬遷的跡象一點都沒有，現在她想賣也賣不到她理想的好價錢……在看屋時一定要留意！

避免買到瑕疵屋，
看屋必帶的實用小物！

> **Tip** 看屋時，有些小道具我一定會帶，有時一個保特瓶就能讓屋況無所遁形。

　　為了提高看屋的效率，看屋時有幾個必備的小工具一定要隨身攜帶喔！

👍 物件資料、紙筆

　　在約好看屋之後，請你先把仲介或屋主在網路刊登的資訊先列印下來。如果你在看屋前，有先請仲介提供坪數拆分（主建物、陽台雨遮、公設、車位坪數）、格局圖、位置等資訊，也請一併自己註記在列印出來的資料上。

　　看屋時，大部分用心的仲介會另外再準備一份物件資料表和格局圖。如果仲介或屋主沒有準備，你事先列印好的資料就可以派上用場了。記得帶一支好寫的筆，可以將看屋時的筆記紀錄在資料上。

👍 相機

　　看屋的時候是不是要帶相機？答案是：YES！至於可不可以拍，如果是空屋或公設，基本上都可以拍，如果屋主還住在裡面，可以問一下仲介是否方便拍，好讓你回家可以考慮或跟家人討論。如果仲介說不方便，就尊重屋主的隱私吧，直接參考仲介或屋主刊登的照片。

👍 錄音筆

有時候看房子時不方便將仲介或屋主說的話一個一個記下來，這時候可以善用錄音筆或手機錄音喔！看屋時將錄音功能打開，放在包包裡，回家時如發現哪個資訊忘記了就可以聽喔！

👍 手機

雖然大部分的屋主和仲介都是好人，但是看屋時還是小心謹慎，注意安全。如果你是自己一個人看屋，請記得隨身攜帶手機，保持手機通訊良好，並告知家人朋友你的看屋行程。

👍 其他工具

衛生紙（丟馬桶試水壓）、彈珠或礦泉水（放在地上看地板有沒有傾斜）、小夜燈（試插座有沒有電）、捲尺或測距儀（量室內面積，做為裝潢設計和家具擺放參考）、水平儀（看牆壁和柱子有沒有傾斜）⋯等。

有一次我到內湖看一間公寓，價格很便宜，比附近成交行情大約低10%，格局方正，採光、通風也很好，就在我準備要下斡旋時，手上拿的保特瓶忽然掉到地上，滾了很遠！我覺得很奇怪，就把保特瓶拿起來再放一次，發現樓地板的水平根本不平！雖然仲介口口聲聲說裝潢時，可以請師傅重新抓水平再做地板，就不會傾斜了，但傾斜的房子通常結構也會有問題！還好有那及時的一摔，讓我免於買到傾斜屋！

👍 ATM卡或支票本

如果你是請仲介帶看，看了之後真的很喜歡，想要請他幫你出價，為了表示誠意，這時候就要祭出「斡旋金」了！一般來說，大約5～20萬就夠了，不建議更多，用現金或支票都可以。所以，看屋時建議還是帶著提款卡或支票本，免得真要下斡旋時還要再回家跑一趟。

學會推算合理價,
總價省下100萬以上!

Tip 頂樓加蓋頂多抓與2樓同價;有夾層的坪數
不用算進去,這些你都知道嗎?

行情價必須減去需整修的預算

不論開價多少,也不管打聽到的價格資訊為何,最終你的出價還是要以你推算的合理價為準。合理價格該如何算呢?還記得「成交行情查詢」和「區域行情分析」嗎?這些行情資訊就會成為你心中推算合理價的那一把尺,再斟酌裝潢、屋況、格局、採光、視野、樓層等個案因素給予些許加減。

舉例:如果之前做的功課顯示出這一帶25年的電梯大樓成交行情大約為48萬/坪,平面車位大約200萬元,以一個建物權狀30坪的房子而言,當你在推算合理價時,最基本的合理價就是:48萬/坪×30坪+200萬=1640萬。若此物件屋況較差,例如有壁癌或裝潢老舊,推估需要花50萬整修,那麼剛剛算的合理價必須要扣掉50萬才合理。另外,我也經常被問到以下幾種個狀況:

一樓公寓如何推估合理價?

一樓的房子需要考慮是否有店面效益?門前是否有庭院?是否可以停車?如果是店面,除了考慮租金投報率,最好是參考同一排房子一樓的行情比較準確,或是多請幾家銀行進行估價比較。

頂樓加蓋如何推估合理價？

頂樓加蓋，除了要問是否為83年底以前加蓋的，並注意不要買完全加蓋到滿的頂加屋，還要詢問仲介或屋主頂樓加蓋的坪數有多少，和是否曾經被報拆。

頂樓加蓋的房子有以下兩種合理價格計算方式：

👍 將加蓋坪數當成1／3價計算：

如果你看的物件是公寓4樓＋5樓頂加，若4樓的權狀坪數為30坪，行情為27萬／坪，5樓頂加坪數為20坪，則4樓＋5樓頂加的合理價格推算為：

$$30坪 \times 27萬/坪 + \frac{20坪 \times 27萬/坪}{3} = 990萬$$

👍 比照同棟2樓的價格計算：

這是我自創較為安全的估算方式。雖然頂樓加蓋的使用坪數較大，但是畢竟頂樓加蓋還是違建，就算舊違建列管為「緩拆」，並非「不拆」，因此處理上還是保守點較好。你可以查詢鄰近區域條件相仿的公寓2樓的成交行情，再乘以權狀登記坪數，則可以抓出頂樓＋頂加的合理價格。以上述的例子來說，如果同棟的2樓行情為30萬／坪，則4樓＋5樓頂加的合理價格為：

$$30坪 \times 30萬/坪 = 900萬$$

這樣的算法之所以比較安全的原因是：你用2樓的價格買頂樓，雖然多爬幾層樓梯，但也換來頂樓加蓋所增加的使用坪數。通常這樣的計算方式會比第一種將加蓋坪數當成1／3價計算的算

法還低，但對買方來說比較安全。兩者相差接近百萬！重點是，我每次以這樣的算法當成我的目標價，5次有4次是買得到的！

在議價時，若屋子的屋況不佳，記得要扣除裝潢的預算。

買頂加的房子時，如果是無電梯公寓的頂加，千萬不要陷入仲介說的「頂加使用坪數大，很搶手」的迷思。因為有頂加的房子雖然使用坪數大，但是通常需要使用坪數大的家庭多為三代同堂。然而，家裡的長輩通常不會考慮4樓或5樓以上的房子，因為每天爬上爬下實在太累了，而現在的年輕人大多也很懶，寧願空間小一點，也不喜歡爬樓梯，所以如果考慮買頂加，價格真的不要客氣，你的競爭者其實沒有想像中那麼多，反而有很多投資置產的族群喜歡買頂加，隔成套房出租，因為使用面積大，所以投報率相對較高。

不過，通常這類的買方算盤也打的很精，價格不會拉太高，除非屋況裝潢得很好，或者是電梯大樓的頂加，不然，用同棟2樓的價格來估算頂加已經算很合理了。

有做夾層的房子如何推估合理價？

　　如果你考慮購買的是有夾層的房子，由於夾層在台灣仍屬非合法的室內裝潢，**不僅夾層的坪數不算在權狀坪數裡，還有被「即報即拆」的風險**，所以可以當成沒有夾層，單純考慮鄰近區域條件相仿的房子的行情，頂多將夾層視為裝潢的一部分，並因有挑高而在價格上略加一些。

有露台的房子如何推估合理價？

　　雖然有些露台會登記在「附屬建物」的坪數，但大部份的露台都沒有計算在權狀坪數內，只是當初建商在銷售時有取得所有住戶簽名同意由某戶「約定專用」這個露台的空間，所以是合法可以使用的空間。通常露台的合理價格計算方式為「將露台坪數當成 1／3 價計算」。舉例：如果建物的行情為45萬／坪，建物登記坪數為30坪，另有露台6坪，則建物＋露台合理價格為：

$$30坪 \times 45萬／坪 + \frac{6坪 \times 45萬／坪}{3} = 1440萬$$

愛莉
貼心提醒

因為露台在權狀上通常沒有登記坪數，所以露台坪數必須實際丈量才準確。

「出價」出的好，議價就成功一半了！

> Tip 議價有技巧，先減再加，心中的理想定價勿輕易被仲介動搖！

 先口頭出價，往合理價下殺1成以上

用上述的方式計算出合理價後，接下來就要大膽開口出價囉！不要管開價多少，將合理價再往下抓10%～15%，勇敢地開價吧！

以上述頂樓加蓋房子為例，如果心中的那把尺計算出來的合理價是900萬，就口頭出價765～810萬。當然，這並不是萬用公式，而且還要搭配不同情境。我舉以下情境模式供大家參考：

| 情境 | **仲介開價1200萬，透露屋主要「實拿」1050萬，但你查過實價登錄行情，合理價應該是900萬時…，怎麼做，看下去就知道！**

仲介：「這間房子真的很不錯……」

你：「這間賣多久了？之前有人下過斡旋嗎？屋主有出來談嗎？」

仲介：「大概賣了快3個月，之前有人出950萬下斡旋，但屋主沒有出來談。」

你：「屋主想賣多少錢？」

仲介：「屋主簽給我們的底價是1050萬……」

你：「1050萬是屋主實拿還是含仲介費？」

仲介：「是屋主實拿，仲介費一般是4%，但是可以談啦…」

你：「所以如果仲介費抓2%，那屋主要賣1070萬耶！好貴喔…」

仲介：「那你想買多少錢？我們去喬喬看…」

你（面有難色）：「我怕說出來你會笑…因為價錢差太多了。」

仲介：「沒關係，你說說看…」

你（無辜）：「760萬吧！」

仲介：「哇！真的差太多了，你要往上加，不然買不到啦！」

你：「我有喜歡這個房子，不過我真的覺得1070萬太貴了，我有查過行情，這附近的房子哪有那麼貴？要不要我把實價登錄的資料拿給你看…」

仲介：「那也不可能760萬！差太多了…你要往上加一點啦！」

你：「不然你去問屋主，我加一點，780萬斡旋他收不收。我真的有喜歡這個房子，你去幫我問問看啦！之前出950萬下斡旋那個應該也一段時間了吧，屋主可能改變心意了啊！我會準備一些加價空間，你幫我跟屋主喬喬看…」

仲介：「好啦！我幫你跟屋主說說看，那你要先下斡旋嗎？」

你：「你先問屋主他這個價格收不收斡旋，我再下斡，不然要再退也很麻煩耶！」

仲介：「好啦！那我問完後再跟你回報…」

　　最後如果真的780萬元下斡旋仲介願意收，而你也真的下斡旋並議價，一定要議到880萬以下含買方仲介費。因為從780萬到880萬，加價加100萬已經很多，議到880萬以下含仲介費是有機會的。

　　發現共通點了嗎？不管仲介怎麼說，你心裡面的那把尺不會改變。遇到開價較低的屋主也不能見獵心喜，仍要把持住你的談判

空間，口頭出價沒有損失，不過如果這個物件你沒有喜歡，就不要浪費時間出價了，因為仲介如果真的幫你溝通，最後屋主同意仲介收斡旋，你卻不想下斡，次數一多仲介也不會再幫你跟屋主周旋了喔！

看到心儀的房子，一定要先設定好底價，勇敢的向仲介或屋主開價吧。

超好用的萬用句！一招走天下！

有沒有發現一個萬用句：「之前出XXX萬下斡旋那個應該也一段時間了吧，屋主可能改變心意了啊！」這一句話很經典，一方面給仲介台階下（因為誰知道他說的「之前出XXX萬下斡旋但沒談成功的人」到底存不存在）一方面屋主也是人，是有可能改變心意的，所以這麼說也沒錯喔！

此外，還有一個萬用句：「如果屋主願意出來談，我會保留加價的空間。」讓仲介先願意接受你斡旋的價格，並先想辦法約屋主出來。當屋主願意出來，就表示其實你原來出的價格其實離他要的底價沒有想像中那麼遠，再加上只要雙方出來見面談，對仲介來說就像是已經到了球門前的球，無論如何都會想把這一球踢進去。所以，到時候只要斟酌加一些價格，其他的讓仲介去努力，就有機會成交。

有時候仲介或屋主雖然不願意調整底價，但是你真的有喜歡那個房子，不妨每週關心一下這間房子的情況：「有人出價嗎？屋主怎麼說？屋主價格還是很硬嗎？」持續追蹤，當屋主真的下修底價時，仲介第一個就會想到通知你。

此外，如果剛剛的例子是屋主自售，有些屋主不喜歡來來回回不斷議價，所以價格開的已經接近他的底價。如果真的遇到這樣的屋主，而他開的價格又跟合理價接近，不要為了殺價的快感硬要砍個2成、3成才甘願。遇到喜歡又適合的房子，價格也合理，就可以考慮了！

先口頭出價就好，
別急著下斡旋、簽約

「斡旋」和「要約」的不同

在介紹下斡旋、簽要約的注意事項之前，我們要先了解「斡旋」和「要約」的不同。「斡旋」和「要約」都是你委託仲介幫你針對某間房子跟屋主議價的委託書，上面載明你議價的日期期間與價格，**不同的地方在於「斡旋」有給一筆「斡旋金」，而「要約」則只有簽「要約書」，沒有付錢**。

不管是「斡旋」或「要約」，只要屋主在你委託仲介議價的期間，在「斡旋書」或「要約書」上簽名，買賣即屬成立，仲介會約買賣雙方正式會面並簽定買賣契約。如果你付了「斡旋金」，屋主同意要賣，但你反悔不買，則「斡旋金」將被全數沒收，提供給屋主做為你違約的罰款。如果你用的是「要約」，雖然還沒有繳付任何金額，但如果屋主同意要賣，而你反悔不買，仍算違約，屋主和仲介可以向你提告，要求你履行契約義務，用「要約書」上的價格跟屋主買。所以下斡旋和簽要約一定要小心謹慎。

要約、斡旋的注意事項

👍 一定要先口頭出價，觀察仲介和屋主的反應

口頭出價的過程中可以問到很多相關資訊，因此，即使你很喜歡這一間房子，也要在看屋時先口頭出價，觀察仲介和屋主的反應，不要衝動就填寫斡旋書或要約書。當你詢問到的資訊夠多，加上行情查詢、調謄本推估屋主貸款和推敲成本等功課也做了，再來下斡旋、簽要約也不遲。（如果你怕很快被買走，那就趕快查行情，把握機會，不要拖！）

👍 斡旋書和要約書上一定要有仲介的店章

　　由於「斡旋」和「要約」距離合約成立只差一步，為了交易安全，**在簽斡旋書或要約書時，一定要檢查上面有沒有仲介的店章，和仲介名片是否相同**。如果能在仲介的店裡簽則更安全，以免仲介收了「斡旋金」之後就找不到人。

👍 委託仲介議價的期間不要超過一週

　　「斡旋書」和「要約書」上會載明委託仲介跟屋主議價的時間，由於委託期間越長，對仲介越有利，所以仲介通常會希望委託期間越長越好。建議最好為3～7天，不要超過一週。

👍 斡旋書和要約書一定要保管好

　　「斡旋書」和「要約書」很重要，簽完之後一定要保管好。如果是「斡旋書」，當委託期限超過，而與屋主價格仍沒有達成共識，就要馬上跟仲介約時間拿回「斡旋金」。

👍 如果反悔不買，一定要趕快連絡仲介

　　不管是「斡旋書」或「要約書」，就算是在委託期間，只要屋主還沒有簽名，你臨時反悔不買了，一定要趕快連絡仲介。除了通電話外，一定還要發簡訊，說明你決定不委託他議價了，留下簡訊紀錄，並拿回斡旋金。

> Tip　議價前就是第一要做好功課，第二是無欲則剛，最後則是投緣。

祕訣 1　堅守自己的底線，不輕易加價

除非你出的價格太高，或是屋主真的急售，不然通常屋主不會立刻答應以你出的價格出售。但只要你出的價格有機會成交，或仲介認為屋主有機會降價，或你有機會加價，這時仲介就會約買賣雙方一起到仲介公司見面議價。

哀兵政策視若無睹，謹守不加價原則

仲介常見的議價方式通常是在約雙方見面前就開始鋪陳。從「哀兵政策」（例如：他們昨天晚上在屋主家談非常非常久，回家都已經12點多了，你可不可以再加一點…）、「強硬派」（例如：你這個價格真的差太多…離行情差太遠了…），方法層出不窮。不管故事怎麼進行，一定要記得你心裡面的那把尺，不要輕易加價，就算要稍微加一點價，表示你的誠意，也一定要很有意識地加價，而且雙方磨很久才加一點點，並告訴對方你很想表示你的誠意，但你的預算真的非常有限！**無論如何，在約屋主出來談之前，千萬不要加價太多，如果能不加最好不要加。而且可以跟仲介說，你會保留加價的空間，先請屋主出來談。**

當屋主願意出來談，請記得努力配合屋主的時間，並且跟仲介說，你本來有事，但因為你真的喜歡這間房子，所以才排除萬難趕來議價。通常議價時，仲介會讓買賣雙方在不同的會議室，這時候，一定要詢問仲介：「現場是不是只有我一組買方？」如果仲介說除了你之外，還有另外一組也在現場出價，你就離開。**因為在競標的情境下，你不是沒買到，就是買太貴，仲介會製造情境讓你很想買到這間房子，因此你很容易不小心就加價加過頭**（畢竟只有當你出的價格比另一組買方高時，你才會買到，不是嗎？）

有時候議價會拖很久，我曾經遇過議價從晚上9點進行到凌晨1點的，中途屋主胃痛想要回家，仲介不讓她回家，還主動幫她買胃藥。雖然分成兩間獨立的會議室談價格，但是仲介會在其中來回傳話。有時，仲介說屋主很生氣，要走了，叫你再往上加一點價，結果你出去上廁所，經過屋主的會議室，聽到裡面笑聲不斷，這種情況也不罕見。

必要時只能酌加一點價格

議價時，請徹底忘記在見面前你曾經說過「會保留加價空間」這件事，而且要表明你已經「加過了」，例如：本來你的預算只有600萬，為了這間房子你已經加到650萬…。當屋主願意出來，就表示其實你原來出的價格離他要的底價沒有想像中那麼遠，再加上雙方出來見面談，對仲介來說就像是已經到了球門前的球，無論如何都會想把這一球踢進去。所以，只要斟酌加一些價格，其他的讓仲介去努力吧！

祕訣
2
無欲則剛，可以「想要」，不能「需要」！

議價的技巧無他，就是「無欲則剛」，要表明雖然你很喜歡這間房子，但買房子也需要緣分，你不勉強，如果真的屋主不肯成

全，雖然很可惜，但就再看其他房子就好了。記得，當你表現出你非買到這間房子不可，你的議價就已經輸一半囉！再說一次，無欲則剛，可以「想要」，不能「需要」，請隨緣，千萬不要衝動與躁進。

談判心法有絕招，先讓屋主喜歡你！

👍 除了價格，是否投緣很重要

看房子時，我喜歡多和仲介、屋主聊天，在聊天的過程中，了解屋主的背景。屋主為什麼要賣房子、缺不缺錢、個性如何、在哪裡工作、現在住哪裡、年紀幾歲、男生還是女生、有沒有小孩、小孩多大？…回想一下你上次看房子，這些你都問過了嗎？

如果要我幫「議價」寫眉批，我左右兩聯會是「做好功課」、「無欲則剛」，橫批則是「投緣很重要」。你有過這樣的經驗嗎？ — 你想要買一個東西，A店賣的比較便宜，但業務很討人厭，B店賣的稍微貴一點點，但是店員服務好，討人喜歡，最後你會選擇哪一家店買呢？B店是吧？買賣房子也是類似的情境。**其實，「議價」從來不是一個完全理性的過程，這其中參雜了許多感性的因素，而人，**通常都是在「感性」層面先做了決定（先喜歡對方），之後才在「理性」層面幫自己的決定合理化，說服自己（例如：這價格也算勉強可以接受，我也沒有吃虧太多…）想一想每次買賣的經驗，是不是這樣呢？

👍 了解屋主，投其所好，建立好印象

我去年因公司協辦紅色子房的房地產課程，因此有幸上了談判高手謝大哥的課。謝大哥說，談判時很重要的一點，是要讓對方「喜歡」（Like）你。這個Like剛好是雙關語，要讓對方喜歡你，不是要討好對方，而是要去找你跟他的「相似處」（以英文來說也

是Like）。我聽了心有戚戚焉，也讓我回想起之前自住換屋的經驗。

當時的我尋找自住換屋的房子已經有一段時間，在連續看屋一陣子並做了完整的功課後，最後鎖定某一個重劃區中的幾個社區，也認識了幾個不錯的仲介朋友。有一天，一位仲介朋友告訴我，我喜歡的社區有一戶有機會釋出，當天我就去看，果然很喜歡。在跟仲介聊天的過程中，得知屋主的小孩是音樂家，本來是要買給他小孩的，但因為一直沒有搬過來所以想要賣掉。我回家立刻google，讀了幾篇他小孩的報導，還買了兩張他出過的CD回家聽。

第二次覆看時，我帶著公婆來看房子，屋主來開門，彼此打了照面。我跟仲介提到CD的事，仲介跑去告訴屋主，屋主很開心，因此對我們留下了好印象。雖然價格來回交涉了一個多月，中間見了幾次面，但最後買到的價格有符合我心裡設定的預算，也算是開心收場。

所以，**看房子時記得多和仲介、屋主聊天，尋找你們之間的相似之處**。這個相似處，可能是你們同鄉、同姓、有共同認識的朋友，或是都很孝順父母（跟父母同住，又很重視父母），或者像我的例子，知道了屋主的孩子是音樂家，就特地去買他的CD聽，創造彼此的相似之處（都喜歡他孩子的音樂）…這些都是增加議價力的方式喔！

履保費用省不得！
省了3000元損失300萬！

Tip 一千萬的房子只要多付三千元就有履約保證，
這筆小錢省不得。

別忽視交易安全，一定要有履保服務！

學會了議價，接下來要成交了，要開始瞭解交易安全。

説到交易安全，就不能不認識「代書」和「履約保證」（簡稱
「履保」）。只要你買的是「成屋」，不管是跟屋主、仲介還是建
商、代銷買，代書（地政士）和履保都是非常重要的守門員。

代書最主要的工作包含：不動產產權登記、不動產稅務申報、
諮詢、節稅規劃及服務等。雖然代書費通常都由買方支付，但是
代書的角色其實是雙方代理人，協助案件登記，如果買方需要房
貸，代書甚至會協助買方尋找銀行、辦理貸款，並進行抵押權設

在簽任何要約和斡旋前都
必須了解合約的內容。

定、賣方原貸款的清償及抵押權塗銷等。因此，找一位買賣雙方都值得信任、具有優良口碑的代書非常重要喔！

　　至於「履保」，顧名思義，就是確保雙方履約：買方支付價金給賣方，賣方將產權過戶給買方，交屋，銀貨兩訖。買方所有的款項都先存放在銀行的專戶裡，等到交屋當天完成所有手續後再由買賣雙方一手交錢、一手交權狀，以保障雙方買賣價金的安全。**透過履保服務，買方可以避免支付價金後賣方捲款潛逃，拿不到房子；賣方也可以避免還沒有拿到款項，房子卻被代書過戶給買方。**

Q 預售屋也會使用代書和履保嗎？

A 如果購買的是預售屋，因為還沒有蓋好，產權仍無法過戶，所以購買預售屋時，只會直接跟建商簽約，不會有代書協助跑流程。不過，預售屋也是可以使用履保服務喔！與建商的合約上要特別注意，是否有履保服務，在建商蓋好、產權過戶之前，所有你支付的款項都會由履保專戶保管，等交屋過戶時履保專戶才會將價金支付給建商，確保預售屋交易安全。

買賣雙方各付一半費用，只要3千元！

　　只要簽約的時候跟仲介或屋主說你要用履保，代書簽約時就會使用履保專用的合約給買賣雙方簽。履保的費用是成交總價的萬分之六，買賣雙方各付一半。也就是說，總價1千萬的話，買賣雙方只要各付3千元就可以享有交易安全的保障。

　　曾經有一個新聞，買方因聽信賣方建議，雙方省下履保的錢，不使用履保，結果繳了300萬的自備款後，賣方捲款潛逃，連代書也找不到人，到現在還在打官司。為了省幾千元，卻賠了幾百萬，真的很得不償失，這點小錢千萬不能省喔！

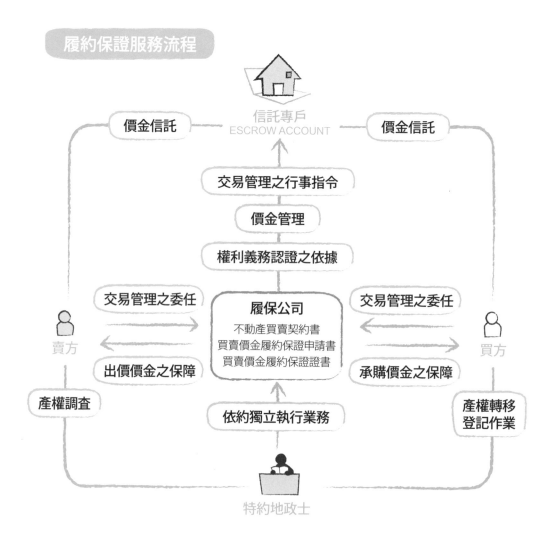

信託專戶
ESCROW ACCOUNT

價金信託　　　　　　　　　　　　　　　　價金信託

交易管理之行事指令

價金管理

權利義務認證之依據

交易管理之委任　　履保公司　　交易管理之委任
賣方　　　　　　不動產買賣契約書　　　　　買方
　　　　　　　　買賣價金履約保證申請書
出價價金之保障　　買賣價金履約保證證書　　承購價金之保障

產權調查　　　依約獨立執行業務　　　產權轉移登記作業

特約地政士

簽約時一定要注意7個要點

「簽約」是房地產買賣中非常重要的一環，與交易安全息息相關。不管你是透過仲介還是直接跟屋主買賣，都要特別留意。以下為簽約注意事項：

1.代書與履約保證不能少

許多人認為透過仲介買賣就一定安全，其實，仲介也是透過代書和履保來確保交易安全的，如果你簽約時賣方堅持不使用履

保，就表示他的產權或起心動念有問題，不要簽約。如果屋主急著要用錢，仍可以簽約並使用履保，由買方簽名同意屋主先動用其中的部分款項（動用金額盡量不要超過總價的1/10）。

👍 2.產權清楚

簽約前要請代書幫忙調閱當天的土地及建物謄本，注意坪數是否正確，土地使用分區是住宅區、工業區、商業區等，是否有限制登記（如假扣押、假處分等）尚未塗銷等問題，避免未來因產權問題影響過戶、交屋。

👍 3.確認簽約當事人為本人或有權代理人

合約原則上應由買賣雙方本人親簽，並由代書核對雙方身份證，確認是本人後才開始進行簽約。如果屋主本人不能來，應該提供授權書，並提供本人的印鑑證明（本人到戶政事務所親辦）。

👍 4.契約內容需謹慎檢視

買賣契約內容包含了雙方詳細的權利義務，不可不慎。合約裡的數字，如坪數、金額、持分等，應該儘量以國字大寫為宜，以避免變造及爭議。合約內容記得附上「現況確認書」，包含輻射屋檢測、海砂屋檢測、漏水聲明、非事故屋等聲明，保障買方不會買到瑕疵屋。

愛莉
貼心提醒

儘量不要買事故屋

一般來說，事故屋（即：凶宅）的行情約為鄰近成交行情的5~7成，甚至更低。雖然「建案現況確認書」須聲明是否為事故屋，不過，最好還是透過街坊鄰居探聽了解。尤其如果某一任屋主是透過法拍屋取得，由於法拍屋為事故屋的比例較高，更須特別留意。雖然事故屋比較便宜，不過未來轉賣不易，除非心臟很強，不然真的不建議買。

👍5.付款方式要公平

目前買賣付款方式大體上分為四個階段，即簽約、用印（備證）、完稅、尾款。各階段之付款成數依雙方要求而有不同，通常約定為10%、10%、10%、70%。

👍6.交屋時期及方式應明確

一般房地產買賣，通常於支付尾款時辦理交屋手續，如有特殊原因需要調整，要以書面規定清楚，以避免爭議。

👍7.最後再做一次詳細檢查

簽約完畢應注意立約日期有無填寫、文字更改處有無雙方認章，並蓋好騎縫章，以避免日後產生糾紛。

值得注意的是：簽約時會約定付款條件及方式，如預設貸款八成，則付款條件會分三期支付，金額通常為：1成、1成、8成。如預設貸款七成，則付款條件會分四期支付，金額通常為：1成、1成、1成、7成。

由於大部分的買方簽約時並不會帶總價1成這麼多的現金在身上，所以通常代書就會請買方開立與第一期款金額相同，且註明「禁止背書轉讓」的本票，等支付完成後本票就會退還給買方。

如買賣雙方有使用履保服務，買方則將各期款項匯入履保證服務中的信託專戶帳號，建議不要直接交付現金給賣方或代書，避免後續可能發生的糾紛喔！

簽約真的非常重要，再次強調一定要用履保，並挑選好代書，才能安心的等待過戶、交屋喔！

成屋的交易流程

由於從簽約到交屋，買賣雙方可以選擇自己辦理流程，或由代書來協助，也可以選擇代書與履保雙重交易安全保障。先了解房地產買賣交易流程，對於後續介紹代書流程與履保流程將更清楚。以下這張圖詳盡說明交易流程：

一般簽約買賣

賣方　尋找買方&帶看　▷

買方　尋找房屋&約看　▷

第一期款&「簽約」	第二期款&「用印」	第三期款&「完稅」	第四期款&「交屋」
簽立「不動產買賣契約書」	備證並於相關文件上用印	雙方繳納稅款	

有交易安全保障

代書

- 調閱「謄本」確認產權
- 將第一期款存入履約保障帳戶

- 協助買賣雙方備足證件並於相關文件上用印

- 申報增值稅(賣方)和契稅(買方)
- 協助辦理申請所有權轉移登記與(如買方要辦貸款)抵押權設定登記

- (如買方有辦貸款)通知貸款銀行將核貸金額撥入信託專戶帳戶
- 結算價金明細
- 交付鑰匙、權狀
- 稅費分算

履保

- 請買賣雙方填寫「買賣價金履約保證申請書」
- 提供「買賣價金履約保證證書」
- 提供信託專戶帳戶密碼

- 於買方第二期款匯入信託專戶時通知買賣雙方和代書

- 於買方第三期款匯入信託專戶時通知買賣雙方和代書

- 確認「不動產買賣契約書」上的交易條件與約定全部滿足，確保價金和產權移轉。(如未滿足則退回價金，並取消執行產權移轉)

安全檢測廠商

- 簽約時,可約定由買方請廠商做安全檢測,如氯離子(海砂屋)與輻射檢測,於合約上約定如檢測結果超過核定標準,則契約失效

產權把關、稅務結算、產權過戶

代書在房地產交易過程中，扮演了產權把關、稅務結算、產權過戶等角色。為了讓大家了解代書在各階段做進行的工作，我將代書流程結合房地產交易與貸款流程，整理如下：

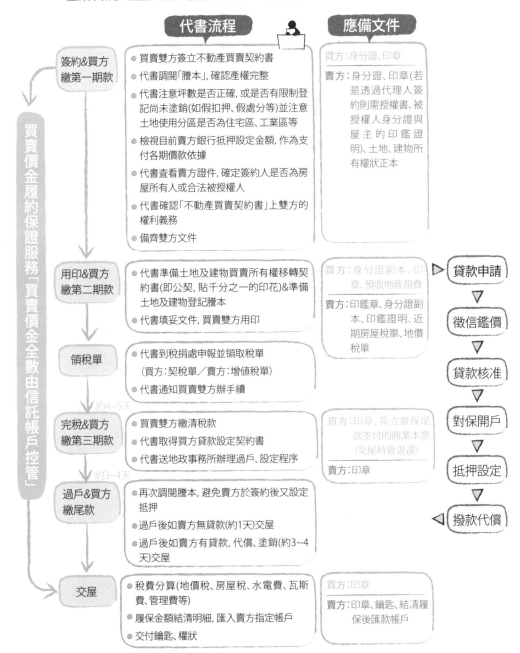

代書流程

簽約&買方繳第一期款
- 買賣雙方簽立不動產買賣契約書
- 代書調閱「謄本」，確認產權完整
- 代書注意坪數是否正確, 或是否有限制登記尚未塗銷(如假扣押、假處分等)並注意土地使用分區是否為住宅區、工業區等
- 檢視目前賣方銀行抵押設定金額, 作為支付各期價款依據
- 代書查看賣方證件, 確定簽約人是否為房屋所有人或合法被授權人
- 代書確認「不動產買賣契約書」上雙方的權利義務
- 備齊雙方文件

用印&買方繳第二期款
- 代書準備土地及建物買賣所有權移轉契約書(即公契, 貼千分之一的印花)&準備土地及建物登記謄本
- 代書填妥文件, 買賣雙方用印

領稅單
- 代書到稅捐處申報並領取稅單 (買方:契稅單／賣方:增值稅單)
- 代書通知買賣雙方辦手續

約4~5天

完稅&買方繳第三期款
- 買賣雙方繳清稅款
- 代書取得買方貸款設定契約書
- 代書送地政事務所辦理過戶、設定程序

約3~4天

過戶&買方繳尾款
- 再次調閱謄本, 避免賣方於簽約後又設定抵押
- 過戶後如賣方無貸款(約1天)交屋
- 過戶後如賣方有貸款, 代償、塗銷(約3~4天)交屋

交屋
- 稅費分算(地價稅、房屋稅、水電費、瓦斯費、管理費等)
- 履保金額結清明細, 匯入賣方指定帳戶
- 交付鑰匙、權狀

買賣價金履約保證服務「買賣價金全數由信託帳戶控管」

應備文件

買方:身分證、印章

賣方:身分證、印章(若是透過代理人簽約則需授權書、被授權人身分證與屋主的印鑑證明)、土地、建物所有權狀正本

買方:身分證副本、印章、預收地政規費

賣方:印鑑章、身分證副本、印鑑證明、近期房屋稅單、地價稅單

買方:印章、簽立撥尾款支付的商業本票 (交屋時會退還)

賣方:印章

買方:印章

賣方:印章、鑰匙、結清履保後匯款帳戶

- 貸款申請
- 徵信鑑價
- 貸款核准
- 對保開戶
- 抵押設定
- 撥款代償

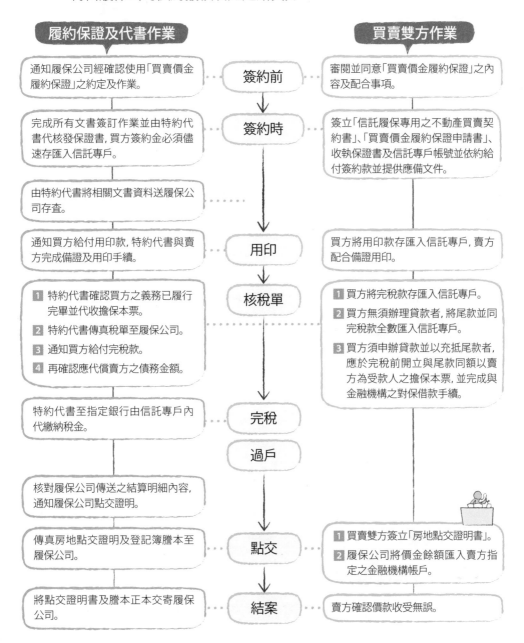

履保流程　銀貨兩訖, 交易安全

在清楚了履保服務能提供的交易安全保障後,我們要來了解履保服務流程。過程中如果發生任何爭議或訴訟,在判決確定前,買賣程序會暫停,專戶款項將被凍結,等買賣雙方協商或判決結果確定後再由履保公司依約撥款或返還給買方。

履約保證及代書作業 / 買賣雙方作業

簽約前
- 通知履保公司經確認使用「買賣價金履約保證」之約定及作業。
- 審閱並同意「買賣價金履約保證」之內容及配合事項。

簽約時
- 完成所有文書簽訂作業並由特約代書代核發保證書,買方簽約金必須儘速存匯入信託專戶。
- 簽立「信託履保專用之不動產買賣契約書」、「買賣價金履約保證申請書」、收執保證書及信託專戶帳號並依約給付簽約款並提供應備文件。

- 由特約代書將相關文書資料送履保公司存查。

用印
- 通知買方給付用印款,特約代書與賣方完成備證及用印手續。
- 買方將用印款存匯入信託專戶,賣方配合備證用印。

核稅單
- 1 特約代書確認買方之義務已履行完畢並代收擔保本票。
- 2 特約代書傳真稅單至履保公司。
- 3 通知買方給付完稅款。
- 4 再確認應代償賣方之債務金額。

- 1 買方將完稅款存匯入信託專戶。
- 2 買方無須辦理貸款者,將尾款並同完稅款全數匯入信託專戶。
- 3 買方須申辦貸款並以充抵尾款者,應於完稅前開立與尾款同額以賣方為受款人之擔保本票,並完成與金融機構之對保借款手續。

完稅
- 特約代書至指定銀行由信託專戶內代繳納稅金。

過戶

- 核對履保公司傳送之結算明細內容,通知履保公司點交證明。

點交
- 傳真房地點交證明及登記簿謄本至履保公司。
- 1 買賣雙方簽立「房地點交證明書」。
- 2 履保公司將價金餘額匯入賣方指定之金融機構帳戶。

結案
- 將點交證明書及謄本正本交寄履保公司。
- 賣方確認價款收受無誤。

避免日後糾紛，
交屋6要點不可不知

Tip 交屋時，要索取相關文件，還需注意將簽約時
付的本票當場作廢。

經過了「簽約」、「用印」、「完稅」，並繳交各期價金，終於就要交屋囉！點交房屋最需要的，就是細心與耐心。以下是交屋注意事項供大家參考：

1.交尾款同時點交房屋

交尾款同時點交房屋，一方面節省雙方時間，另一方面可以現場確認，避免不必要的糾紛。如有使用履保，在點交房屋無誤後，就會同時撥款，將買賣價金進行賣方房貸尾款代償並將剩餘價金提撥到賣方的指定帳戶。

2.現場點交

買賣雙方皆須到房屋現場點交，一一核對契約書內容，檢視屋況是否和當初看的時候一樣？約定的瑕疵修繕是否已經處理完畢？是否有漏水？房子是否清理乾淨？交付的鑰匙是否正確…等。若發現有異常現象，可請求賣方依民法規定負起瑕疵擔保責任。

3.檢查相關稅費是否都已結清

地價稅、房屋稅、水電、電話費、網路費、第四台、瓦斯及管

理費等應一併計算清楚，可以請代書再次確認，避免之後衍生的爭議。

4.索取所有權狀、契稅單正本及土地增值稅單影本等文件

點交時，除了檢查房屋現況，還要索取所有權狀、契稅單正本及土地增值稅單影本等文件，並詳細檢查土地、建物所有權狀正本，看看坪數是否與合約內容相同。如合約中有約定由賣方提供建商的房屋保固與房屋檢測證明，則須檢查有無附上。此外，若屋主原來有貸款，務必請代書調閱最新的土地及建物謄本，看原來的抵押設定是否已經塗銷。

5.拿回商業本票與其他未用之證件、文件

由於簽約時，通常買方會開1～2張本票當作抵押（第一期款與尾款），因此，交屋時應向代書取回商業本票當場作廢，並拿回未用的證件與文件。

6.辦理戶口遷移、帳單更名、換址，與自用住宅地價稅

為了安全起見，交屋後最好將門鎖換掉，並辦理戶口遷移，水、電、瓦斯費、電話過戶，與自用住宅地價稅。

謹慎的點交，可以避免交屋後可能的糾紛，要多問多看多檢查，不要怕麻煩喔！若不幸真的在交屋後遇上瑕疵，也不需要太過驚慌，因為根據民法，買方在交屋5年內，如發現重大屋況瑕疵，可請求賣方提供修繕處理，並寄發存證信函給賣方，若賣方不理，可於半年內提出訴訟。這是買方的權益，不要讓自己的權益睡著了喔！

交屋時可以核對合約內容與物件資料表,現場點交。

第 **4** 章

預售屋增值術——
分期付款，累積千萬資產

掌握7要點，破解廣告花招，買到夢想中的家

因為預售屋，
月光族空姐存下千萬資產

Tip 自備款不多，但工作穩定，可藉由購買預
售屋，來為自己增加資產。

省下名牌包，買屋後財富大不同

「愛莉，我最近去看了一間預售屋，它開價一坪30萬，因為實價登錄上都只有新成屋和中古屋的價格，我要如何判斷預售屋的行情呢？」

「愛莉，我最近看到一個預售屋廣告，它標榜『工程零付款』，請問這是什麼意思？」

「愛莉，我本來買了一間預售屋，不過最近因為家人要外派到國外，所以想把它賣掉。我委託了很多家仲介，但是反應都好冷清，因為仲介說還沒有房子可以看，所以很難賣。我該怎麼辦？」

自從我開始研究預售屋以來，常常收到許多好友對於買賣預售屋的疑問，有些朋友甚至對中古屋的買賣很有經驗，但遇到預售屋就沒輒了。這是因為預售屋和成屋可說是兩種不同的產品。雖然預售屋終究會蓋好成為成屋，但是，在看屋時，甚至在交屋前如果要轉手，幾乎都沒有真實的房子可以看，也使得預售屋的買與賣都比成屋更需要敏銳的眼光與技巧。

我有一個好朋友，她出社會的第一份工作是空姐。雖然要排

省下買包包、保養品、衣服的錢，讓空姐存到第一桶金，並從小套房由小換大，用預售屋來強迫自己存錢。

班，但套句她説的話，一下了飛機人就完全off，不需要煩惱工作的事，加上薪水高，每個月都有6～8萬的收入，以社會新鮮人來看算是很豐厚的薪水，所以她做的很開心。

不過，薪水雖然高，她卻沒有存到什麼錢。別人出國總要幫家人、朋友買保養品、名牌包，她也不例外，只是她是幫自己買。呵！如果有見識過她的更衣室的人，肯定會被她的衣服、包包和鞋子給「震撼」到。我們常笑説，如果她當初不買這些奢侈品，應該夠付好幾期預售屋的工程款。

不過，她「悟道」的也不遲。空姐的生涯結束後，她轉行到電子公司，擔任國外業務，獎金也不錯。由於她家在淡水，每天通勤到台北市工作實在很辛苦，於是就近在永和租了一間小套房，每個月付房租。

有一天，她路過看到了租屋附近的一間預售屋廣告，衝動之下就買了。當時的她，身上的存款不過10幾萬，她硬是跟疼她的姑姑借了20萬，用分期付款的方式把每個月的薪水和獎金存下來還姑姑和繳工程款，繳著繳著等到房子蓋好後，她的房子已經每坪漲了5萬，她的資產也漲了好幾十倍（因為她本來的存款實在少得可憐）搬進新居之後，她開始培養看預售屋的興趣，透過買預售屋強迫自己儲蓄，也累積了議價的豐富經驗與實力，後來乾脆來House123上班，將興趣和工作結合在一起。

最近她又買了一間預售屋做為自住換屋，她說，可惜她的名牌包包跟車子一樣一落地就折價，不然，她實在很想全部換成現金去繳工程款。

預售屋有裝潢設計好的樣品屋可以參觀，不過裡面也充滿陷阱喔！

營造美好的居家氛圍，現在樣品屋的設計都像飯店一樣舒適。

買預售屋，強迫自己儲蓄

　　如果你現在的自備款不多，但工作收入穩定，也想強迫自己儲蓄，買間房子自住，或買個好資產等增值，那麼預售屋是很適合的選項。預售屋的優點很多，包含：分期付款、零利息、持有期間不需要背貸款、沒有名下第二屋問題、沒有奢侈稅問題、交屋前如還有買其他的房子，也不會影響房貸的申請……等。

　　此外，因為預售屋通常要蓋2～3年，透過精準的眼光和議價，如果能用現在（或低於）附近新成屋的行情，等2～3年蓋好後，原本附近的新屋已經變成了2～3年的新古屋，等於你是現在（或低於）新成屋的行情買2～3年後的新屋，也無怪乎央行總裁彭淮南先生說預售屋是「期貨」了。

買預售屋風險(一)
價差太大、資產周轉不靈

Tip 買預售屋雖然可以分期付款，但只要有一期沒繳就算違約。

實價登錄不即時，成交價落差20%！

雖然預售屋有不少優點，不過，購買預售屋也有風險，而且風險還不小。除了建商蓋的不好，交屋後賣相差之外，如果買的價格太高，2～3年蓋好後沒漲反跌。

因為預售屋沒有即時上傳實價登錄，所以同一個建案成交單價落差20%都有可能，等發現自己買貴時已經太遲了。

預售屋的工程大多需要二、三年,如果能用比附近新成屋還低的價格買到,通常會有增值的空間。

買預售屋首重區域建設, 如果買的是重劃區, 要留意生活機能完備的時程與供給量是否太大, 並好好議價。

　　我有個朋友前年買了一間預售屋，交屋前想要賣，到網路上一看才發現其他戶想賣的價格居然都比他的成本低，最後只好繼續放到交屋，先出租幾年再作打算。

　　預售屋之所以迷人之處在於：預售屋工程大多需要2～3年，如果能以鄰近的新成屋行情或甚至更低的價格買到預售屋，2～3年後蓋好交屋時，等於你是用2～3年前的行情買到一間新成屋。就算這2～3年的房價沒有漲，當時的新成屋也變成屋齡2～3年的中古屋了，在價格一樣的情況下，如其他條件不變，你的房子（屋齡0年）會比其他房子（屋齡2～3年以上）好賣，因此具有保值或增值空間。

用低於新成屋的行情，買2～3年後的新屋

不過，值得注意的是，有些建商和代銷在銷售預售屋時，是用2～3年後的預估行情在賣，不僅開價高，連底價都比周圍的新成屋高。例如：附近的新成屋行情一坪40萬元，預售屋成交價格設定要48萬（高出20%）。銷售小姐說，等2年後蓋好，隨著交通建設、商場陸續到位，絕對有這樣的價值。這就可愛了！我相信隨著交通和機能到位，這裡可能有這樣的價值，但是，如果是這樣，那我就那時候再來買就好了嘛！幹嘛現在就用2年後的行情來買呢？不僅要提早付錢，還有風險（如果2年後的新成屋沒有48萬的行情怎麼辦？）對嗎？

所以，在看預售屋時，雖然銷售人員會一股腦地把區域的所有建設利多都告訴你，回家之後一定還是要做功課，查查Google，看看這些建設預定完成的時間表（你可能會發現，有些建設甚至連預算都還沒通過呢，遑論完成時間），還要查查附近的實價登錄行情，這樣在議價時心裡才有一個底。

資金周轉不靈，被沒收150萬還解除合約！

此外，預售屋雖然可以分期付款，不過如果收到帳單後無法

1000萬預售屋
建商提供的分期付款條件可能如下：

項目	單位	訂金	簽約	開工	工程款			
					第1期	第2期	第3期	第4期
比例	%	2%	5%	5%	1%	1%	1%	1%
金額	萬	20	50	50	10	10	10	10

如期繳納，可就麻煩了。預售屋的付款條件由建商規定，一般常見的自備款多為20%～30%，等交屋時再由買方辦理貸款70%～80%。而自備款的前三期款項為訂金、簽約、開工（簡稱「訂、簽、開」），三期加總多為10%～15%，最後交屋的款項多為1%～5%。中間的工程款則分為多期（可能會分5～20期不等，依建商規定），在工程期間的1.5～2年內分期付款繳納，資金壓力相對較小。

在簽約時，買方都會拿到分期付款表，可以事先準備每一期的資金。有些人目前的自備款不高，大約只有總價的10%～15%，只夠繳訂、簽、開三筆款項，但他的收入穩定，對於後續分期付款的工程款支付無虞，而且想要透過要繳工程款的壓力來強迫自己儲蓄，那麼買預售屋就是非常適合他的理財方法。此外，由於預售屋要等建商蓋好交屋時才開始辦貸款，所以簽約後不需要馬上支付貸款利息，加上大部分的預售屋在交屋前可以換約，彈性較大。

預售屋的分期付款雖然有以上的優點，但也使每一個階段的現金流顯得相當重要，因為只要一期沒有繳就算違約囉！通常預售屋的合約中都有規定違約的條款，如果收到帳單後經過催繳仍然沒有繳納，建商可以主張買方違約，自動解約並沒收已繳款項。依照內政部公告「預售屋買賣定型化契約應記載及不得記載事

第5期	第6期	第7期	第8期	第9期	第10期	貸款	交屋款	總金額
1%	1%	1%	1%	1%	1%	75%	3%	100%
10	10	10	10	10	10	750	30	1,000

項」規定，最多可以沒收「成交總價」的15%，也就是總價1000萬的話，可以沒收150萬，有多的才退還給你。如買方繳交的定金與工程款不到15%，就以已交金額為上限，而且合約解除，房子跟土地又是建商的了，是不是很傷呢？

預售屋只要挑選、議價得宜, 蓋好後賣相好, 通常價格會比預售時來的高, 但現金流一定要先抓好。

貸款成數不夠，影響資金彈性

還有一種風險，也跟款項有關：如果本來預售屋的總價1000萬元，自備款是25%，預定貸款要貸到75成。然而，在交屋辦貸款時，因為買方名下有第二屋問題而不好貸、或個人信用不好…等個人因素貸不到75成，只貸到6成，需要在交屋時將貸款不足的額度150萬立即以現金補足，不然也算違約。看預售屋時要特別留意建商有沒有取得建照，以及開工、交屋時間，購買前要先計劃好貸款額度和資金周轉。

有些建商為了怕投資客炒作、避免換約作業麻煩或是被國稅局查稅，所以在合約中載明不提供換約。如果你買到的是不可以換約的預售屋，表示你一定要放到交屋、辦完過戶後才能出售，如

果你和配偶名下有其他房子，則須適用奢侈稅，交屋後要被綁兩年，影響資金彈性。

　　預售屋買賣和成屋一樣，除了建物條件外，位置、環境也很重要。我建議一定要自己去一趟接待中心與基地現場，實地了解建案規劃與環境。除了聽聽建商、代銷對於區域利多的分析外，記得回家google相關資訊。不過，由於預售屋不同於成屋，沒有實體的房子可以看，只有接待中心裡美美的樣品屋與美輪美奐的文宣廣告，到底我們要如何評估一個預售的建案呢？

 買屋關鍵問

Q 什麼是「紅單」？

A 所謂的「紅單」分成兩種，一種是建案開案前，只是先預約可以優先以第一順位議價的「預約單」，另一種則是建案開案後，談好價格先下訂，好讓建商把這一戶保留起來的「訂單」。因為這兩種單子大多為紅色的，所以俗稱「紅單」。

對於銷售熱絡的建案，連紅單也很搶手。在部分地區（如：新竹）紅單的轉售甚至行之有年、蔚為風氣，一轉手就加價5～20萬。紅單的炒作基本上是一個共犯結構，熟悉此道的紅單客搭配接待中心現場的代銷人員，與建商的默許，讓房價無端墊高，並塑造建案熱銷的情況。由於紅單不是合約，轉售時容易發生糾紛，加上近年來國稅局查稅頻繁，不建議大家買賣紅單。

Q 什麼是「工程零付款」？

A 有些預售屋為了減輕買方的付款壓力，除了前三期的「訂、簽、開」外，剩餘的工程款延後到快交屋時才收取，等於在興建過程中不用付款，買方還有1.5～2年的期間可以籌湊剩下的款項，資金比較寬裕。

買預售屋風險 (二)
想像與實際交屋有差距

要點 **3**

> Tip 結構安全的問題絕對不能妥協，輕微問題一定要請建商維修到好。

狀況 1 只看平面圖，交屋後才發現電線桿在家門前！

預售屋除了看基地位置外，由於一個建案中有很多戶，也要從鄰房高度、鄰近空地規劃、棟距等現況，模擬蓋好後的通風、採光條件，從中挑選一間採光、通風條件好的戶別。

我曾經看過一個建案，建商貼心地把每一戶的鄰房高度和棟距標示的清清楚楚，方便買方挑選戶別時可以參考。由於房子動輒百萬、千萬，我的建議是，就算建商和代銷沒有準備這樣的資料，也一定要自己親自走訪一次基地，並把這樣的關係圖畫出來，確認一下這樣的棟距是你可以接受的。你真的知道6米到底是多寬的棟距嗎？旁邊的鄰房有多高？街廓如何？何不到基地現場體驗一下？

預售屋因為買的時候看不到成屋，所以許多細節都無法留意到。我曾經看過一個預售屋位置很好，基地不大，在台北市黃金地段的巷弄內，巷子的一旁有兩支電線桿，其中一支靠近基地側邊，另一支則在基地對面。由於這是一個有挑高的建案，電線桿的高度大約比4樓的樓地板再高一點點，表示其中有一戶的2～4樓（1樓是公設）都會看到這支電線桿聳立在客廳的窗前，距離大約6米左右。有些人認為這對風水不好，就算個人不忌諱風水，對

有時預售屋所提供的景觀圖, 不一定是你買到的真正視野, 可參考附近同高度中古屋的視野才準。

於視野也總是美中不足。像這種問題，如果買的是蓋好的成屋就比較能避免，在預售屋就比較容易發生。

有些銷售中心會準備空拍圖，讓買方參考每一個方位看出去的視野。不過，別忘了，空拍圖是從上面看下來的，而你從房子看出去是平視的，視野當然不一樣。空拍圖裡看到綠油油的山林景觀，結果從房子平視看出去可能是福地！**如旁邊有相似高度和面向的中古屋要賣，可以參考一下視野，交屋後才不會後悔！**

 狀況 **2**

邊間一定比較好脫手？注意格局和坪數！

購買預售屋時由於沒有實體房屋可以看，就算有樣品屋，樣品屋的格局也未必與實際交屋的格局相同，所以平面格局圖一定要

看清楚。有些社區以3～4房居多，只有少數幾戶為2房格局，這時2房格局就特別稀有珍貴，不僅預售銷售時可能賣的比較快，未來脫手時也因稀有而比較好脫手。

以下面這個格局圖為例，姑且不論棟距和鄰房高度，純粹以格局和坪數來看的話，大家猜猜賣的最好的是哪一個戶別？

答案是I棟的27坪，因為它是一層9戶裡，唯一的兩房，自然很搶手（大家注意到左邊房間的陽台佔了房間的2/3大嗎？建商會幫住戶於二工時外推出來，使陽台成為室內使用面積）另外一個則是C的30坪。為什麼呢？大家有沒有發現C是唯一一戶柱子沒有在室內的？（黑色的方塊就是柱子）柱子在室內不僅影響空間的方正，還有算坪數喔！

不過，C棟有一個缺點，就是距離電梯太近。雖然距離電梯近很方便，出門和回家都可以少走幾步路，不過也表示這一個樓層

的每一個住戶回家前都會先經過你家門口喔！看柱子還有一個重點，只要是柱子連成一線的地方就會有樑。所以表示這9戶的大門處和外圍靠窗處都各有一隻樑，在室內空間配置時需要留意。

看完了最好賣的坪數，那大家來猜猜，這9戶裡面比較不好賣的坪數是哪些？Bingo！A、B、G、F這些4房的格局比較不好賣。

除了現在社會大多為小家庭，4房格局總價高，負擔較大外，跟一層9戶也有關係。如果你要花2000～3000萬以上買一間四房的房子，你希望一層2戶、4戶還是9戶呢？答案當然是越單純越好。不過，大家也可以留意一下，這一層9戶裡，兩面採光的戶別通通留給了40餘坪的大坪數，2房和3房的戶別通通被包在中間，只有一面採光。而且，因為大門開在建案基地的中間，所以有採光面的都是房間，除了兩面採光的四房戶別之外，一面採光的戶別的客廳都沒有採光，頗不符合華人「明堂」（客廳要明亮）的要求。不過，這樣的格局安排在現在的建案裡還蠻常見的，看屋時可以依照自己的需求斟酌考量。

除了考慮坪數和格局外，就像中古屋一樣，生活起居的動線

買屋關鍵問

Q 為什麼預售屋交屋後，才發現房子好矮？

A 預售屋因為沒有實體的房子可以看，所以很多東西只能用想像的。一般樓層高度多為3米，不過，這是包含樓地板的厚度喔！一般樓地板厚度大約15公分，有些建案的樓層高度甚至只有做到2米8，如裝潢時再做天花板（約保留12～15公分），就只剩下約2米5的淨高，如再裝個吸頂燈壓迫感就比較重！下次看預售屋時不妨注意詢問一下樓層高度和樓地板厚度，再扣掉天花板保留的高度後，看看自己是不是可以接受喔！

也要考量。看著格局圖或建商提供的「傢俱配置圖」（簡稱「傢配圖」），發揮一點想像力：想像你從廚房端菜走出來，走到餐廳，或者從每個房間出來上廁所，動線順不順？廚房的冰箱會放在哪個位置？有沒有風水瑕疵？如果動線或風水不理想，除非你很確定可以透過「客變」或裝潢來改善，不然就不要考慮了。

無邊際泳池，變成屋頂蓄水池！

由於幾乎每個案子都會有二工，如果你在你家的室內格局圖裡看到「機房」、或大小不合比例的「陽台」，就要問清楚建商是不是會透過二工將它改做為室內使用面積。

此外，在接待小姐介紹公設的設備時，要問清楚哪些是二工喔！尤其是對於有規畫游泳池的建案，要問清楚建照本來規畫的就是游泳池，或是規劃「蓄水池」，之後才要透過二工重新做泳池使用。由於二工還是有被舉報的風險，別被廣告中美美的無邊際泳池吸引，到頭來才發現買到的卻是一個在屋頂的蓄水池喔！

比較「公設比」，不如比較「雨遮＋公設」的比例

在目前的建築法規規範下，公設比都很高，以3000萬元的房子為例，如公設比33%，就等於花了1000萬元在買公設，所以有哪些公設設施就顯得特別重要，畢竟沒有人希望自己付了大把的銀子，買到的公設只有逃生梯和電梯梯廳。除了參考建商提供的公設示意圖等廣告文宣外，有公設樓層（常見的有1F、B1、頂樓等）的空間平面圖也要注意看。簽約後妥善保留所有的格局資料和文宣廣告，做為交屋驗收的依據。（公設是交屋後由管委會與建商點交，住戶可透過管委會反應）

此外，看屋時雖然要比較公設比，不過還有另一個虛坪要注意：「雨遮」。有些建案雖然公設比較低，但雨遮比例很高，有的建案訴求三面採光，就有三面雨遮。雖然內政部規定雨遮不得計價，但在實務上建商、代銷僅是將雨遮的價格轉價到總價上，總價不變。因此與其比較公設比，不如比較「雨遮＋公設」的比例，避免虛坪過高。

預售屋廣告常有使用公共設施的生活情境照，但可能會與交屋實際狀況有出入。

狀況 5 戶數越少越單純？小心買到沒有管理的華廈！

許多買方喜歡建案的戶數單純，最好一層一戶最好，可是卻忘了戶數太少時，如果要共同請警衛，每戶要負擔的管理費用會很高，可能只能請一班制（早上8點到晚上8點），無法負擔24小時的警衛，有些大樓甚至只能安裝保全，無法有管理室的配置，使得買方買的雖然是新電梯大樓，卻只有華廈的功能，沒有人代收掛號、包裹，很不方便。

有些建案基地大，但將戶別分成好幾棟，每一棟可能連在一起成為ㄇ字型或口字型，但每棟都有獨立的出入口，一層僅2～3戶，大坪數的戶別甚至一層一戶，透過門禁磁卡來管理進出。不但能保有出入單純的優點，而且因為社區基地大，有完善的公設

規劃（畢竟，現在的新成屋不管有沒有健身房、閱覽室等公設，公設比幾乎都在30%以上，還不如有這些實用的公設比較好）社區規模又夠支撐社區的管理功能，每坪負擔的管理費不會太高，還能夠有24小時警衛的管理，這是我心目中最理想的建案。

許多口字型或ㄇ字型的建案, 每棟都有獨立的出入口, 一層僅 2～3 戶, 兼顧住戶品質與社區規模。

 狀況 **6** 太前衛的造型，令人敬謝不敏！

預售屋的增值潛力除了在於興建這2～3年中資產的增值外，還有房子蓋好後整體的質感和賣相。除了可以從模型屋和文宣資料看外觀設計造型、質感、建材挑選，也可參考同一個建商其它建案實績的質感。

有些建案訴求知名的建築師，並強調現代風格建築。不過，名建築師不一定是質感的保證喔！**太過於前衛的造型，通常蓋好後不是大好就是大壞。**當它是小小的模型屋時，感覺起來很摩登，當它化身為15～20層樓高的龐然大物時，看起來可能又是另外一種氛圍。曾經有一個建商在黃金地段蓋了一棟黑色、造型前衛的住宅建案，金屬感很重，每每經過，我都覺得它像變形金剛。當然，喜歡的人很喜歡，對於我這種人可能就敬謝不敏。有趣的是，這一家建商每次有新案要推，要列出過去推過建案的實績時，總是忽略這個建案，不曉得是純屬巧合還是賣相不好，沒有為新案加分。

狀況 7　保固狀況多，先打聽建商評價

　　由於預售屋在購買的時候還沒有成屋可以看屋，因此建商的評價和信用就非常重要。建商施工的品質和成屋的質感與建商息息相關。購買預售屋前不妨先上網搜尋，了解一下該建商的評價做為參考。

　　有些建商蓋的案量很大，每年交屋數量多。因為大部分人總是

預售屋蓋好後的外觀質感，影響成屋的賣相甚大，好的質感為建案加很多分。

「好事不出門，壞事傳千里」，加上現在網際網路方便，只要有任何瑕疵就會po上網。在大數法則下，推案量大的建商自然在網路上的評分也比較容易偏低。

此外，建案的定位也會影響施工品質。豪宅和一般平價住宅的建材與品質自然不能相提並論，不過，**對我來說，除了最重要的結構安全絕對不能妥協外，建商遇到其他較輕微的問題是否願意負責任、維修到好也是非常重要**。

一般建案交屋少則一個月，長則三個月，看建案量大小而定，而有幾家建商在交屋後還會有工務人員派駐在社區長達3年，只要住戶有大小問題都立刻協助處理，進行保固服務。這樣的服務態度對我來說就可以幫這樣的建商多加幾分。

狀況 8 使用分區停看聽！工業用地價格只有1/2，買到賺到？

看預售屋時和成屋一樣，要特別留意「土地使用分區」和建照上的「使用用途」。「土地使用分區」可以分為住宅區、商業區、工業區。工業區再細分為甲種、乙種、丁種等工業用地，一般常見用來蓋「工業住宅」的多為乙工用地，屬於都市計畫內之輕污染建築用地，可以用來做零售業或事務所，但不能做住宅使用。

工業住宅的預售屋價格雖然只有一般住宅區的1/2左右，但蓋好後脫手不易，且有接到政府罰款取締的風險，加上貸款不易，不建議大家購買。而商業區大多屬於住辦混合，社區出入會比較複雜，如果你是純住家需求，則要多加考慮。如果你有公司登記的需求，通常商業區3樓以下可以登記公司營業用（建照、使照上會註明，可以詢問建商），記得跟建商確認你買的戶別可作公司登記。

停車位學問多!類型都搞懂了嗎?

坡道平面、坡道機械、昇降平面、昇降機械、機械循環式車位⋯⋯哇!車位分成這麼多種類,到底什麼是什麼啊?其實一點也不難,以「坡道平面」為例,前面兩個字就是「車子如何進到停車場」,後面兩個字,指的是「你停的是什麼類型的車位」。所以,「坡道平面」就是:你開著車子透過坡道車道進入地下停車場,停到一個平面停車位。

而「昇降機械」指的是:你開著車子進入一個升降電梯,連人帶車一起坐電梯進入地下停車場,再停到一個機械停車位(「昇降機械」也簡稱為「機械機械」,簡稱「機機」,呵!)而最後一個「機械循環式車位」就是俗稱的「停車塔」,要停車時只要按號碼,電梯就會下來,鐵捲門打開,你將車子停進去之後,人出來,鐵捲門會再度關閉,電梯輸送帶會將車子送到你的機械車位,取車時也只要按號碼,電梯輸送帶會將車子送出來。

由於坡道車道通常需要比較大的迴轉空間,所以一般來說,基地較小的建案只能規畫「昇降平面」、「昇降機械」或甚至「機械循環式車位」,而**車位的價值與價格也大不同,從高到低依序是:坡道平面>坡道機械>昇降平面>昇降機械>機械循環式車位。**

不管是哪個類型的車位,合約上都會註明車位的尺寸規格喔!一般來說,平面車位中的標準車位:寬度多為2.25M,長度5.57M;平面車位的大車位:寬度2.5M,長度6M;機械車位則要留意高度和載重限制,看是否停得下休旅車喔!

建商花招大破解！
避開廣告八大陷阱

Tip 房地產的廣告文案總是很吸引人，但實際狀況有時會差很大。

你有看過預售屋的廣告文宣嗎？有些造鎮計畫的建商，不僅做了精美的廣告DM，甚至還出了整本雜誌，介紹未來的榮景和舒適的生活圈。每當我閱讀這些廣告文案，常常都對這些優美的文字所創造出來的想像畫面敬佩不已：

「漫步在山旁湖畔的小徑，看著湖中芒草莎草搖曳於沙洲中，時間彷彿凝止，空間彷彿從塵世轉移，環著湖慢慢走著，歲月幽幽，涼風徐徐，湖光醉人，忙碌的都會市民，壓力被舒緩了，焦躁被療癒了，煩惱被化開了…」

「站上雙北正核心的人生制高點，大台北無垠天際一覽無遺。淡水河系景觀、城市摩天建築、大屯山系層層相望，收攬信義 101、新光三越大樓北市雙地標，驚嘆於台北最美的水岸天際…」

厲害吧！看著這些文字，是不是很有畫面呢？更別說那些花了6百萬到上千萬搭起來的接待中心和樣品屋了！除非設計的質感不好（代銷要打屁股），不然，只要看了就一定會心動。

我列舉了八個常見的廣告迷思，大家在看預售屋時一定要特別留意喔！（有些新成屋也適用！）

有時接待中心和工地有段距離，一定要實地繞一下才準。

陷阱 1　基地和接待中心離很遠！

當基地還在整地或是已經動工，或是代銷不想花錢搭建接待中心，只想在附近租一個店面做接待時，接待中心就會不在基地上。接待中心通常都在人來人往、機能成熟的馬路上，基地卻可能在巷弄間，有的甚至離很遠。雖然銷售小姐在介紹建案後都會帶客人去看基地，但是，通常都是專車開車載客人過去看，路上邊聊天，感覺一下子就到了。

此外，就算是走路一小段就到，還是可能有陷阱喔！例如：如果接待中心在捷運站附近350公尺處，而基地距離接待中心還要再350公尺，雖然彼此距離都不遠，但將來從捷運站走到基地卻要700公尺，步行約需要8～10分鐘，雖然也不算太遠，但是跟350公尺走起來就是不一樣。

陷阱 2　基地地圖將路況截彎取直，製造錯覺

這就厲害了！很多建案都會提供「建案位置圖」或「生活機能

示意圖」。

不管是多老舊的街道，在建商和代銷提供的地圖裡，路總是看起來很直，幾乎就像重劃區裡的棋盤式街道，非常整齊，而且看起來基地的位置距離每一項交通和生活機能好像都好近！呵呵！可別以為這是等比例畫出來的喔！拿到「建案位置圖」或「生活機能示意圖」時記得比對一下Google地圖，自己實地繞一下，看看街廓、環境，是不是你喜歡的。

陷阱 3 距離市中心步行／開車／捷運只要10分鐘？

許多建案都會標榜距離車站、公園、學校、醫院、交流道只要走路或開車幾分鐘，甚至連坐上捷運只要幾分鐘就到市中心都可以寫在文宣上。我的建議是：一定要自己實地走一次測量才精準，測測自己的腳程和實際開車需要的時間。而且記得，尖峰時間和離峰時間都要體驗一次。也許它說的是真的，但限制條件是半夜都沒車，加上一路閃黃燈沒有紅綠燈，才能這麼快喔！

陷阱 4 樓下永遠有樹和公園

有看過預售屋的「外觀示意圖」吧？不管建案的樓下是菜市場還是大馬路，建案的外觀示意圖旁邊一定是樹，不僅看不到鄰房，還有幾個型男靚女在街道上散步的樣子，偶而天空還有幾隻鳥。這好像已經成了業界的標準，看屋時還是以眼見為憑的街廓為準。

陷阱 5 樣品屋看到的不一定拿得到！

每次去看預售屋，總會看到琳瑯滿目的建材和配備，常常都有

新名詞、新知識。TOTO全自動龍捲噴射式馬桶、德國頂級工藝衛浴品牌Villeroy＆Boch面盆、新日鐵制震系統、英國Studor吸氣閥…項目之多，不勝枚舉。可是，**可別以為接待中心或樣品屋展示的建材和配備，就一定會和交屋時一模一樣**喔！

為了避免發生廠商停產或庫存不足，導致建商違約的風險，關於建材的約定，幾乎所有的預售屋合約上，都會在主打的品牌或型號後面加註「或相同品質之商品」，至於有哪些其他品牌和型號符合「相同品質」，可就有爭議空間了。當然，建商的考量情有可原，有誠信的建商也不會在這裡偷工減料、佔消費者便宜，所以慎選有口碑的建商還是重要的。

此外，除非是「精裝交屋」或「毛胚交屋」，不然，一般預售屋的標準配備通常是：廚房配備、衛浴配備、全室油漆、地板鋪好拋光石英磚或木地板、門窗、以及其他允諾的配備（如：濾水器、保全系統等）。

樣品屋裡看到的其他建材，都是裝潢表現，不包含在交屋的條件中喔！不僅如此，看樣品屋時，即便是涵蓋在「標準配備」裡的廚房和衛浴空間也要看仔細。電器櫃、吧檯是標準配備還是要自己做？浴室裡的鏡櫃、浴櫃呢？這些都要問清楚，因為如果交屋後才發現都沒有提供，要再找系統家具的業者來丈量、訂做，也是要花好幾萬元喔！

陷阱 6　樣品屋看起來好寬敞？交屋後衣櫥塞不下！

還有一個預售屋常見的廣告陷阱也是在樣品屋。

除了美輪美奐的裝潢和高貴的裝飾品外，**為了讓空間看起來更大，樣品屋家具尺寸常常是用訂做的，不是標準尺寸喔**！尤其是床、書桌和衣櫃，大部分都是請木工量身打造的。許多小兩房或小三房，房間坪數只有兩坪多，透過木工量身打造，小小的兩坪

多硬是放進去了單人床、書桌和衣櫃，看起來坪效超高，可是等交屋後，如果你去家具店訂單人床、書桌和衣櫃，放進去後一定不知道如何關門、如何走路。雖然我們也可以請木工幫我們量身打造家具的尺寸，不過，木工的成本比起活動家具和系統家具貴上很多錢喔！裝潢預算要多估一點。

樣品屋的家具大多是訂做的，有放大空間的效果。

除了量身訂作的家具外，有些樣品屋會在餐廳的牆面鋪上鏡子，放大空間視覺。我還看過一個台北市區小坪數的挑高建案，它的樣品屋連浴室的牆和門都用玻璃取代（一般只有Motel才有這樣的設計吧！）小姐在帶看時，特別強調這是設計師的裝潢表現，交屋時建商會以「正常」的牆面交屋，不過，看得懂的人就知道這是為了讓空間看起來更大的手法了。

陷阱 7　美輪美奐的公設示意圖，不如眼見為憑！

有些社區規畫有「全齡化公設」（就是0～99歲都適用），包含：接待大廳、交誼廳、Lounge bar、KTV、棋弈室、視聽室、多功能教室、閱覽室、媽媽教室、健身房、游泳池、中庭花園…非常豐富。由於公設無法用樣品屋來展示，因此只能提供示意圖和明細給買方參考，至於實際完工後的質感，買方就只能賭賭運氣了。為了評估建商的施工品質和設計質感，可以請建商提供過去完成

過的建案公設實績的照片，或是挑幾個目前有釋出物件的社區親自去看一下。同一家建商蓋的公設風格和質感通常不會差太多，比較有參考依據。

陷阱 8 漲幅暗示太誇張！別的區域漲，關你什麼事！

如果你收過路上發的預售屋傳單，可能對這樣的行銷方式不陌生：「台北信義計畫區220萬，大直重劃區160萬，某某重劃區？」（登登登登！答案揭曉：某某重劃每坪不到60萬）。每次看到這種廣告，我先打的問號是：它舉例的那些地方，真的有那麼貴嗎？台北市那麼大，硬是要舉信義區和大直的新成屋房價來當代表，不免有失偏頗。就算其他區真的那麼貴好了，信義計畫區貴，關它什麼事？

我看過一個建案的文宣，寫著某某重劃區的條件，與大直重劃區的相似度接近100%，用此來襯托它的得天獨厚和價格親民。有趣的是，一開始看到這樣的廣告沒有什麼感覺，第二次、第三次看到，加上眾多建商一起發新聞、發廣告，看久了居然就像真的一樣，連我朋友的媽媽（菜籃族）都問我，某某重劃區是不是不錯？真是太厲害了！

對於重劃區，我個人的建議是：自住等增值可以，如果要純粹投資，想要買賣賺差價的話，則要很謹慎，不僅要在重劃區剛在推案的初升段中就進場，談到好價格，也要盡量在價格漲一小波段後的中升段就出場，不要貪心。因為重劃區的推案量通常較多，而生活機能要成熟還需要一段蠻長的時間，在機能成熟之前，入住率通常較低，使得供給大於需求，價格也比較不容易守得住。如果遇到市場反轉或是資金周轉不靈，就會有斷頭的風險。

會不會議價差很大!
說對一句話, 省下100萬!

知己知彼,先了解預售屋的銷售要角

好的預售屋雖然有增值潛力,不過,如果買的價格太貴,學會再多物件挑選技巧也是枉然。在學習預售屋的議價談判前,我們要先了解預售屋銷售結構,以下這幾種角色你一定要知道:

👍 建商

就是「建設公司」。許多人以為建商就是負責蓋房子的公司,其實不然,建商只是負責出資與規劃、設計,包含建案的整體規劃、建材的挑選等,都是由所聘用的建築設計團隊負責。至於實際的工程興建,則另外請營造公司做。

👍 代銷

當建商規劃一個建案時,可以選擇預售或是先建後售。不管是哪一種方式,都可以選擇由建商自己賣或是委託廣告公司賣,廣告公司就是俗稱的「代銷」。

建商委託給代銷公司就像是一般屋主委託給仲介銷售一樣,而且還是專任約,一家建商在同一時間內只委託一家代銷賣,並且需要簽委託時間和委託價格,當然也包含佣金和廣告預算。一

般而言，總銷金額的5%為代銷的銷售佣金，另外並編列總銷金額的2%做為廣告預算，由代銷負責規劃行銷廣告，包含NP（報紙廣告）、TVC（電視廣告）、Outdoor（如：公車、捷運、戶外看板等）、派報、廣播、網路等。代銷公司須負責搭建接待中心，包含樣品屋、模型等，還有接待中心裡的人力，都是代銷公司的成本。一般來說，代銷需成功銷售一定比例的戶數才能回本，而且最好盡快完銷再換下一個案子，不然可能血本無歸。

代銷需成功銷售一定比例的戶數才能回本，而且最好盡快完銷再換下一個案子，不然可能血本無歸。

👍 跑單

不管是建商自售或是代銷銷售，由於建商和代銷並非一年365天都有建案可以賣，所以通常不會雇用太多的正職業務，每當有開案時，就會聘請一些「跑單」。由於「跑單」銷售經驗非常豐富，因此練就出很高的敏感度和銷售功力。「跑單」通常底薪很低，以銷售的獎金為主要收入。

📌 專案經理

每一個接待中心都有一個專案經理，如果是建商自售，專案經理就是建商的人，如果委託代銷銷售，則專案經理就是代銷的人。專案經理手上都有一張「銷控表」（銷售控制表），負責管控該建案每一戶的底價，包含哪些戶別（如：A戶6F、C戶8F）已經售出、哪些戶別建商要保留不賣、哪些是地主保留戶、每一戶的開價和底價為何等。

專案經理手上都有銷售控制表,簡稱銷控表, 看戶別銷售狀況。

專案經理每周固定與建設公司開會，報告銷售情形，並視銷售情況調整銷售策略和價格。

認識了上面每一個角色的工作內容，接下來我們要來學習如何議價了。

議價前做好充分準備！

預售屋議價是一門很大的學問，不管是建商自售或是代銷銷售，你面對的都是經驗非常豐富的跑單與專案經理，如何取得他們的協助，為你爭取一個好價格？

📌 事前的功課很重要

和中古屋一樣，在議價之前做足功課是必要的，包含：最近半年區域成交行情、建商評價等。當跑單寫給你的價格高出行情許多，你可以把你做的功課提出來跟他「討論」。**記得，不要以「挑戰」的角度來質問跑單喔**！由於價格是建商和專案訂的，跑單必須有成交才有獎金，所以他也很想成交。把他當成你的朋友，把你做的功課跟他聊聊，請他幫你爭取你想要的價格。

👍 善用關係、管道

　　看建案之前記得先查詢建商、代銷是哪一間公司，若你有親友認識裡面的員工，可以問問看有沒有員工價，如果你現在住的房子也是同家建商蓋的就更好了！前面提過的空姐好友，因為多年前跟一家建商買了一間預售屋，之後在House123負責建案議價，因此幫忙談了六、七個同一家建商的預售屋，總共成交了幾十戶，被建商列為VIP。她在一開始幫我們的第一個客戶議價時，也是搬出「目前住的就是他們蓋的房子」，來作為拉近關係的敲門磚。就像中古屋議價時，要找出和賣方的「相似處」來拉近彼此的距離一樣，**跟建商議價，也可以用「喜歡他們家蓋的房子」做為施力點來增加議價力喔**！

👍 單價、總價都要考量

　　議價時除了比較單價外，也要考量總價，**如果要買車位，一般車位都是不二價，且開價不低，與其針對車位議價，不如直接用總價議價**。此外，由於現在房價高，低總價的產品有一定的吸引力。由於大部分人在考量空間時多以格局做判斷，如果一個建案裡有22坪的2房和30坪的2房，就算單價一樣，22坪的兩房絕對比30坪的兩房好賣，因為總價低，以一坪30萬計算的話，總價就差了240萬，雖然22坪的新房子扣掉公設後只能做小兩房，對於首購族來說，負擔相對較小，較容易入手。

議價前，記得先準備好自己的儀容和心態

　　由於跑單接待客人的順序是用輪流的，如果你不是精準的潛在買方，他希望盡快送你走，他好再排隊等著接待下一組客人，尤其在看屋人潮較多的周末。所以出門前記得打理一下自己的儀容，讓自己看起來自信、舒服。除了儀容之外，心態也很重要喔！有人說議價是在比「氣勢」的，所謂的「氣勢」不是兇，而是自信和泰然自得。**議價前，先準備好自己的心態，告訴自己我買的起，就算價格開的太高我要殺價，也不是因為我買不起，而是因為不合理。所以不要氣勢比人低喔！**

　　我有幾個學員分別去看同一個預售屋，但他們最後拿到的價格，同一個戶別居然每坪差了3萬，30坪差了快100萬！原來在介紹的時候，一個學員提到自己之前有買板橋的預售屋，都獲利了結了。跑單開玩笑地說：「哇！那你賺很多吧？」他笑笑的說：「是啊，所以現在改看其他區。」就因為這一句話，跑單給

買屋關鍵問

Q 預售屋議價時，直接跟專案談價格會比較好嗎？

A 許多人都以為找專案經理出來談比較有議價空間，所以談到最後就要跑單請專案經理出來。結果專案經理一出來就先當著客人的面，劈哩啪啦先唸了跑單一頓，說跑單給的價格破底價，沒有先問過他，胡亂答應客人，他根本不能賣。結果你本來是打算等專案經理出來時再狠狠砍一刀的，沒想到不僅砍不成，連原來小姐答應的價格居然還快保不住，心急之下，只要能保住原來的價格就滿足了，結果什麼也沒多凹到就買單了！其實他們就是在演「白臉黑臉」，這時候，就要動之以情，說之以理，有耐心地把跟小姐說的通通再跟專案說一次，能成就成，不能成就再看就好，不要掉進了擺好的局。

他可以給的「成交底價」，另一個學員拿到的則是「參觀價」。一句話值100萬，原因無他，因為那句話代表他是「精準的潛力買方」！

👍 記得帶信用卡

為了表示誠意，只要你想要的價格有機會幫你爭取到，業務通常會請你先下訂，他們再去跟建商爭取。如果之後價格沒有幫你要到，你再來退訂金，如果價格有爭取到，就會跟你約簽約的日期（通常期限約一個禮拜），並補足訂金和簽約金。所以，議價時要記得帶信用卡，並將刷卡的單據保留好，如未來要刷退比較方便。

我有個高雄的學員來台北看房子，在議價到了僵局階段時拿出信用卡，只是他拿錯卡了，他拿出來的是美國運通的「黑卡」（無限額度，堪稱信用卡界裡的「卡神」），跑單姊姊看到黑卡就不讓他走了，要他無論如何一定要買，還說價格好談！不過，因為他事先做的功課還不夠多，對區域也不熟，雖然有了黑卡的加持，因為不知道合理價在哪裡，所以不知道如何砍起，可見做功課還是很重要喔！

沒有履保,
小心買到爛尾樓!

Tip 雖然政府已規定要有履保,但在交易時,
還是得確認建商有沒有履保。

履保,讓預售屋交易有保障

　　前幾天看到一則新聞,台中有家建商在交屋前捲款潛逃,把住戶的錢全A走了,公司員工人去樓空,更糟糕的是,建商和買方交易並沒有簽訂履約保證,28戶受害屋主,錢賠了,房子恐怕也拿不到產權…。

　　許多對預售屋有興趣的人最常問的問題之一就是:「買預售屋會不會有風險?如果建商倒了或跑掉怎麼辦?」的確,買預售屋時每一戶的房地產權尚未出來,沒有權狀、謄本,也無法進行過戶,買方擁有的只有一本與建商的合約,如果款項繳了建商卻無法如期交屋怎麼辦?在過去的法規較不嚴謹的情況下,買賣預售屋相關的爭議層出不窮,許多預售屋打著低自備款的招牌,結果蓋到一半建商倒了,房子變成所謂的「爛尾樓」,買方求助無門。

　　自2011年5月起,政府強制規定建商銷售預售屋時,須事先與第三方簽訂合約,利用專款專用,或擔保的方式來保障買方權益。此第三方單位常見的有銀行機構、履保公司,若建商倒閉無法交屋,將由該機構返還消費者已繳納之價金。也有可能由其它

建商同業或公會負責連帶擔保，如果建商倒閉則由其它建商負責完成興建，不過在買屋時，最好能查證建商是否有履保，較有保障。

買屋關鍵問

Q 代銷說已經下訂不能退？否則要扣違約金？

A 為了保障消費者的權益，凡跟建商或代銷簽立契約，不管是新成屋或預售屋，都可享有至少5天的「合約審閱權」，只要在審閱期間反悔不買，建商、代銷必須全數歸還你已經支付的所有價款，包含訂金、保留金、簽約款等，不可以任何理由扣除手續費、佣金等費用。

不過，如果你以信用卡支付以上價款，而建商、代銷已經跟信用卡公司請款，則信用卡公司會跟建商、代銷收取2%～3%不等的手續費，即使你事後退訂，此手續費仍已產生，建商、代銷僅能歸還扣除手續費後的金額。如你有顧慮，可以請建商、代銷於合約審閱期後再跟信用卡公司請款。

Q 預售屋合約包含哪些內容？

A 預售屋合約通常有兩本，土地契約和建物合約各一本，分別羅列土地與房屋資訊，包含：坐落位置、主建物、附屬建物及共有部分（分別條列面積和售價）、停車位性質、規格與大小等。此外，合約中還會約定付款方式，以及交屋時發現坪數有落差，要如何找補？逾期付款或延遲交屋時如何處理？履保機制為何？換約手續費多少？（最多不可超過千分之一）

除了土地和建物合約外，有些預售屋還會有「社區生活公約」，連完工後的管理維護也會寫在合約內。建案完成交屋後，建商會召開第一次「區分所有權人大會」，輔導住戶成立管委會，並事先預估每月的管理費用。有些建商還會提供1～3年的管理維護，之後再轉交給管委會決定後續的管理方式，並重新評估管理費用。

揪團一起買，
每坪再省約5～10%！

掌握兩個議價好時機

　　預售屋議價有兩個好時機：「剛開案的時候或是潛銷」時，與「快要完銷結案」時。由於建商在開案時還在測試市場的接受度，加上求好彩頭，前面幾戶比較願意用好一點的價格先售出，一旦賣的不錯再調高價格，所以大部分的建案都是越賣越貴。當然，如果一開始開案給的價格就踩的很硬，超過合理價位，不妨也不要急著做決定，可以觀察一段時間，如果建商發現定價太高，市場接受度不高，會適時調低價格。不然，也可以善用議價的另一個好時機：利用快要完銷結案時去議價。

　　通常一個建案，從開案到完銷多為3～6個月（戶數太多的可能需要銷售好幾年），由於剩下幾戶就全數完銷了，代銷通常會希望盡快售出結案。加上如果前面有幾戶賣比建商要的價格高的話，就可以用前面超賣的價格來補後面低賣的價格，以「截長補短」方式給你比底價更低的價格。

　　我曾經買過一間預售屋，代銷租一般店面做為接待中心，但接待中心的租約即將到期，剩下幾戶即將完銷，由於接待中心的屋主跟7-11簽約，合約到期的翌日7-11就要進駐裝潢，我們就用比整棟的成交均價每坪低約5萬的價格買了3戶，拿到優惠的價格。

團購買屋，價格更優惠

此外，所有東西都有機會以量制價，房子也是。與其一戶一戶慢慢賣，一次成交5戶、10戶對建商和代銷來說是很好的誘因，當然價格也比一戶好談。由於目前建案的成交比例大約是10比1，也就是：每10組來客，最後真正成交的大約只有1組，有時買氣冷時比例更拉高到15比1。

如果有10戶「明確要買」的精準買方，只是卡在價格差一點點，表示代銷可以少介紹100到150組客戶就能成交這10戶，這在買氣冷時更受用。因此，如果能找到想一起買房子的朋友一起去看，一起議價，就有機會以量制價，每坪比單戶議價再省約5～10%的價格，而這也是我成立House123「團購建案」的精神。

議價時要「無欲則剛」

談判的基本精神就是：你可以「想要」，但你不能「需要」。

當你需要這間房子，非要這間房子不可，就很難理智地評估和議價。**好房子很多，不管是要投資或自住，只要勤勞一定都可以挑到好物件**。不過，議價也不要一昧的砍價，只要買在行情內，並且評估物件的條件和區域條件都很好，也有保值的條件和增值的空間，就可以買了。

此外，雖然我們沒有直接教大家新成屋的看屋和議價技巧，不過，新成屋的議價對象通常也是建商和代銷，加上房子已經蓋好，建材、格局、棟距、採光等條件都已經成型，也有鄰近的成交行情可以查詢，所以新成屋的看屋、議價技巧和中古屋與預售屋皆有相通，只要練好並融會貫通，用在新成屋議價自然也無往不利喔！

第**5**章

裝潢＝裝修＋風格
超高C/P值裝潢術

比價絕非萬靈丹！4個重點讓你一次搞定裝潢大小麻煩事

關於裝潢,
我想說的是……

Tip 不能只挑「最便宜」,要挑優質工班,
否則吃虧的是自己。

找錯工班,工程拖了8個月!

「愛莉,我買的房子有漏水,當初跟屋主協調由我來修,我有請幾個抓漏的師傅來報價,可是報價5萬到20萬都有,為什麼會差這麼多?」

「愛莉,我想要重新裝潢,但我的預算有限,要如何才能用少少的錢來完成我想要的效果?」

「中古屋翻修要抓一坪多少錢比較合理?新成屋會不會比較便宜呢?」

有些人對於議價非常謹慎,買的價格很漂亮,卻在裝潢時多花了許多冤枉錢。不僅工程款不斷追加,還有人遲遲無法完工,最後只好跟設計師解約。

我的第一間房子就是這樣。工班是由仲介介紹,價格便宜(傻瓜行為1:只從價格考量)。交屋前就請工班丈量,提供設計圖和報價,從五月交屋後就進場施工,本來預計八月就要完成,結果遲遲到年底都還沒完成。每次去看進度都很緩慢,對於延遲交屋的說法反反覆覆,問題是,我的工程款項已經付了80%(傻瓜行為2:付款付的太快,根本還沒完成到那裡),相當於120萬,對於工程遲遲不能完成真的很頭痛,就這樣拖到12月。

有一天晚上，我和老公吃飯時看日本的節目「全民住宅改造王」，坪數80多坪，整個幾乎全部打掉重來，三個月完工。老公看到，哼了一聲，説：「80坪三個月⋯妳那個才30幾坪，做了半年還沒好⋯」我低著頭幾乎都快要撞到桌子了。

用家飾、燈飾、小擺飾就能營造溫馨又簡約的居家風格。

後來毅然決然，決定快刀斬亂麻，跟原本的工班解約，協議請他退回部分的工程款，直接請新的工班接手。新的工班一看現場發現管線拉的太亂，水管和糞管的坡度不夠，排水會有問題，需要重做，我咬著牙答應了，新工班接手後，2月初就完成了。

後來總工程款比預算多花了30、40萬元，連舊工班協議退回的款項80萬元都三催四請拖了兩年多才拿到，真的很耗費心神。從此以後，我只找有口碑的工班和設計師做，價格只要合理就好，一分錢一分貨，更重要的是，工程進度和保固服務一定要負責任，不然吃虧的還是自己。

可別以為這是沒有經驗的菜鳥屋主才會遇到的喔！有一次我在課堂上説到這個例子，結果有一位從事土木技師的學員，在台下點頭如搗蒜，後來下課後跑來跟我講，當初他家翻修時就是這樣，本來報價80幾萬，後來一直追加款項到250幾萬！誇張吧？可見裝潢真的是一門大學問！不僅要讓錢花在刀口上，還要注意施工品質、進度和保固服務。所以儘管我不是設計師，也沒學過室內設計，還是要苦口婆心地將裝潢列為一個獨立的章節，分享我的經驗和心得給大家。

裝潢市場處處是地雷,我也曾在裝潢時吃了大虧,而猛下苦功來了解其中的撇步,現在還能自己跟工班合作,設計出自己想要的風格。

真的需要花大錢裝潢嗎？

　　「裝潢」是一門學問，在裝潢之前要先確定幾件事情：房子裝修的目的是什麼？是要自住呢？整層收租？隔套收租？以後是誰要住？人口組成為何？生活習慣？喜歡什麼風格？需要哪些空間機能？哪些家具家電？回答了這些問題，才能開始進行裝潢工程。

　　我曾經聽過一個知名設計網站DECOmyplace創辦人的演講，他將「裝潢」拆解為「裝修」＋「風格」，我聽了覺得很有道理。

　　所謂「裝修」就是「修繕」等基本工程，舉凡電線、水管、糞管、滲漏水與壁癌處理等皆屬之。至於「風格」，一般設計雜誌上看到的現代風、普普風、鄉村風、簡約風、地中海風等，就是「風格」設計。

花小錢用簡單的家具來收納, 不需花大錢訂做電視櫃,一樣有不錯的效果。

　　他提到，台灣人真的很愛花很多錢裝潢，尤其很愛做隔間牆和櫃子。光是電視櫃、展示櫃、酒櫃…就占了客廳的一大半面積。如果將我們的家當成台北市，那麼客廳肯定是最精華的地段，相當於信義計畫區。這麼「貴」的地段，我們怎麼會讓櫃子占用了這麼大的面積呢？

若預算不足,就少做固定的櫃子,用傢飾做搭配,一樣可以搭出個性風。

可愛貓咪壁貼和圖畫,是不是讓簡單牆面活潑起來了?

「沒有櫃子,要怎麼收納?」

問的好!你確定你家的櫃子都是「收納」用嗎?還是「儲藏」呢?所謂「收納」,指的是將常用的東西隨手收起來,而「儲藏」則是平常很少用,放在一個地方,要用時才拿出來。你家的電視櫃裡都放些什麼呢?我家的電視櫃裡有手電筒、DVD(這很正常)、螺絲起子(偶爾會用到)、雨衣(一年用不到一次)、跳繩(住了六年從來沒有用過)。這些一定都要放在電視櫃嗎?

除了電視櫃、展示櫃、酒櫃外，臥房會有大衣櫃，書房會有書櫃，餐廳和廚房還有一排置物櫃，這些櫃子通常都是請木工師傅訂做的，直接固定在牆上。這些訂做的櫥櫃很花錢，而且因為是固定的，如果哪天室內空間配置要做調整，或者下一個屋主不喜歡你的裝潢風格，還要花一大筆錢敲掉重做。在國外，大部分人喜歡買DIY的家具回家使用，如果你有逛過IKEA或B&Q門市的經驗，就會發現，明明只是幾個家具、家飾的擺設，就能讓整個空間氛圍大不相同。

如果客廳和書房想要區隔開來，就用一個書櫃隔開，哪天想改變空間配置，就移動家具就好。看出差異了嗎？歐美的居家裝潢，讓「裝修」與「風格」分開，只要「裝修」的基礎工程做好，「風格」就交給家具、家飾、牆壁顏色等元素決定，不僅費用較低，還可塑造設計感和機動性。

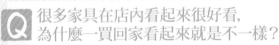

買屋關鍵問

Q 很多家具在店內看起來很好看，
為什麼一買回家看起來就是不一樣？

A 呵！這是因為家具店內佈置的配色有經過設計，家具與家飾的顏色搭配的好，連牆面也有淺淺的顏色，創造出和諧又鮮明的風格。此外，下次逛家具店時記得抬起頭來，看看你頭上有幾個LED的聚光燈在打光，有了聚光燈，家具上的光暈看起來就有了層次，就連牆上的畫看起來都特別可愛！這些色彩和光的效果，我們也可以學起來，小用心和小成本，可以創造很不一樣的氛圍與質感！

7大步驟,
讓你裝修一次搞定!

Tip 基礎工程不能省,水電管線一定要重拉。

拆除、水電、木工、泥做、油漆難不倒你!

　　學會了「裝修」與「風格」的分別後,我們要先來學習「裝修」的學問囉!「裝修」指的是:水電、格局(泥作或輕隔間)、天(天花板)、地(地板)、牆(牆面)。雖然我們說「裝修」是基礎工程,不過,其中許多巧妙的設計也和下一階段的「風格」佈置有關喔!怎麼說呢?讓我一個一個告訴你!

步驟 1　房子有漏水、壁癌一定要先解決!

　　還記得我們教大家看中古屋時要特別留意牆壁、天花板有沒有滲水、漏水、壁癌等情況嗎?如果交屋後半年內發現有這些問題,但看屋時沒有留意到,而屋主和仲介又沒有告知,通常可以請仲介協調前屋主處理修復,或使用「漏水保固」。

　　一般常見的滲漏水、壁癌原因和處理方式,建議如下:

　外牆或屋頂滲水

　　由於房子外牆年久容易有裂縫,如果裂縫不大,平常若有下

Q 什麼是「漏水保固」？

A 依民法規定，交屋後5年內，或交屋後發現瑕疵進行通知後半年內，賣方對買方有瑕疵擔保之義務。許多仲介為了加強售後服務，針對屋齡30年內的房子，提供買方交屋後半年的「漏水保固服務」，簽約時會多簽一份「漏水保固約定書」，只要滲漏原因適用漏水保固服務，則買方亦可選擇支付自付額啟動漏水保固服務。以國內某家知名的房屋仲介為例，在保固期限內每次之修護工程費用在新台幣10,000元以下之部份及超過300,000元以上之部份，其費用由施工單位向買方收取，超過10,000元以上，300,000元以下之部份由施工單位向仲介公司收取。

此外，目前有提供漏水保固的房仲都有一些附加條件，如：屋齡須在30年內，並且只有保障所有權內的範圍（頂加或加蓋的不在漏水保固範圍內），如果要請屋主額外針對這些範圍提供漏水保固，則可以在合約上另外備註約定，只要雙方合意是可以的。

雨，雨水流到縫隙裡，等天氣好轉，就會乾燥，不至於會發生滲漏水現象。但是如果一連下雨好幾天，雨水在裂縫裡蔓延，整個牆面吸飽了水，就會滲透到內牆來，如果內牆又因為通風不好，或是貼了壁紙或釘了木板不透氣，久了就會有壁癌產生。

一般對於外牆滲水的處理方式就是等天氣一連幾天放晴，牆面和牆心乾燥時檢查外牆破損的情況，先清潔牆面，將青苔等雜物去除，甚至打到見底後重新填補，再將整面外牆塗防水漆即可。

外牆滲水的處理工程大致上分成兩種報價方式：一般防水公司報價較高，以施作面積和工程估價，少則5萬～15萬，多則20萬～30萬不等。另一種則是由認識、有口碑的工班施作，工班會估算需要的人工和材料費用，通常一面牆約2萬～3萬，是防水公

司報價的1／2以下。所以認識有口碑的工班真的很重要。

　　除了外牆外，如果你買的是頂樓，可能還有屋頂漏水的風險。因此，除了在看屋時多問並多觀察樓頂有沒有做好防水和隔熱工程之外，交屋後如果還是發生漏水現象，要善用「漏水保固」請仲介協助處理，工程施作的方式和外牆漏水一樣，都是在天氣乾燥時，視破損情況填補水泥，並塗上防水漆。

👍 樓上住戶樓地板漏水

　　另一種常見的漏水是來自於樓上住戶住家管路所導致。由於一般住宅的廚房、浴室、廁所有水管管路，如果水管有破損就可能造成樓下天花板滲漏水。**由於樓上導致的漏水現象並非前屋主造成，所以不在仲介提供的「漏水保固」範圍內，必須自行與樓上住戶屋主協調處理，看屋時不可不慎。**

　　如果真的遇到，需要先跟樓上屋主連繫，請抓漏師傅先到你家漏水的地方和樓上住戶家現場勘查，判斷漏水的源頭，再針對源頭做處理。如果是水管破裂，就修復水管；如果是浴室的地板防水沒有做好，就需要將樓上住戶家的浴室地磚和牆壁磁磚敲開，重新作一層防水，再貼上地磚、磁磚，或是以「漏水打針」方式，將裂縫填滿。

買屋關鍵問

Q 常常聽到「漏水打針」，那是什麼？

A 「漏水打針」就是「高壓灌注環氧樹脂」。施工方法是先鑽孔，放入針頭，以高壓注射「發泡劑」填滿空隙，再注射「環氧樹脂」包覆發泡物，達到止漏的工法。通常「漏水打針」是治標不治本，只是將可能有縫隙的地方填充起來，但由於水會自己找縫隙竄延，只要地板還有其它縫隙，水會從其它縫隙滲出。由於「漏水打針」很便宜，平均一針約1500元左右，所以坊間常用這種方式處理。

👍 你的樓地板漏水到樓下

除了從樓上住戶漏水到你家，還有一種可能性是從你的樓地板漏水到樓下。常見的地方仍是廚房、浴室、廁所等有水管管路的地方。由於是前任屋主留下的問題，所以有包含在仲介提供的「漏水保固」範圍內，可以請仲介處理。工程施作方式一樣須先找出漏水源頭，再針對源頭做處理。但如果是因為水管或糞管堵塞所引起的漏水，因與使用有關，不在漏水保固內，要找通水管的師傅來處理。

頂樓的防水若沒做好，漏水也可能滲到樓下。

👍 其它漏水原因

除了上述的現象外，有些漏水原因千奇百怪。例如：頂樓水塔年久失修漏水，導致頂樓加蓋的房子牆面嚴重壁癌，這時只能重新作一個水塔。因為「漏水保固」一般只有保障所有權內的範圍（頂加不在漏水保固範圍內），如果在看屋和簽約時仲介或前屋主並無聲明有漏水現象，最好在合約上另外備註約定，請屋主額外針對這些範圍在交屋後半年內提供漏水保固。

愛莉
貼心提醒

裝潢前一定要確認有無漏水

為了避免責任歸屬問題，最好在裝潢之前或裝潢之初再次仔細檢查有無滲漏水、壁癌等問題，仲介、前屋主才不會將漏水原因歸究於你的裝潢工程，規避「漏水保固」責任。有些屋主原來的裝潢是用木板或壁紙，結果請師傅拆掉木板或撕掉壁紙，發現底下的牆面有滲漏水、壁癌等問題。由於只進行了拆除工作，還沒有真的動工，這時可以馬上停工，並請仲介、前屋主來處理漏水問題。

安全為上，水電、管線需重拉！

　　處理完了滲漏水和壁癌問題，另一個大工程就是評估水電、管線是否需要重拉。**一般而言，如果屋齡在20年以上，且前屋主沒有換過管線，為了安全考量，最好重新拉電線等線路，更慎重一點，會連同水管、糞管都重新做。**由於水管、糞管通常隱藏在地板下方，電線等管線通常隱藏在牆面和天花板，因此如果要重新拉水電等管線，整個室內的天花板、地板、牆面可能都要重做。假如你買的是一間裝潢好的房子，除非上任屋主已經全部換過管線，否則所有裝潢幾乎都要敲掉。這也是為什麼我真的不建議買剛重新裝潢好的房子，因為水電、管線都藏在天花板、地板、牆面裡，我們無法從外觀明顯判斷其施工品質，但前屋主卻會將所有裝潢成本轉嫁給你。

愛莉
貼心提醒

保存管線配置圖

　　如果有重拉管線，記得請設計師提供管線配置圖，日後如果需要修繕，才知道水管、糞管、電線管路怎麼走。尤其是隔套收租，管線配置比較複雜，如果沒有管線配置圖，日後如要修繕就只能憑記憶挖地磚來找位置。我曾有一次這樣的經驗，真的非常麻煩！一定要記得請設計師提供，並在公共走道區域預留維修孔，維修時才不會影響房客生活品質。

步驟 **3** 結構牆拆不得！小心你家變危樓！

　　還記得在看屋時我們有教大家要敲一下每面牆的材質，看它是磚牆還是木板。到底是磚牆好還是木板好呢？如果你不滿意原來的格局，要重新做隔間，那麼原來隔間牆的材料以木板較好，因為拆除成本較低。如果原來的隔間牆材料是磚牆，不僅拆除成本較高，廢料運送的成本也較高。在裝修前要先確認格局有沒有要變更，而且最好請有經驗的結構技師來看現場，確認哪些是結構

不是所有的牆都能拆，隔間牆可以拆，結構牆千萬不能動。

牆（不能拆）、哪些是隔間牆（可以拆），避免傷到結構。

　　變更格局通常需要重新做隔間牆，如果有動到衛浴和廚房，還需要重新做室內防水的工程。一般常見的隔間牆的做法包含：磚牆、陶粒板、C型鋼中間加隔音棉，並以矽酸鈣板封板、或是木板隔間。有些小坪數的空間為了兼顧隔間與收納的需求，會用雙面用的衣櫃、收納櫃來做隔間，如果隔音效果不特別講究，也是一個聰明的做法。

（步驟 **4**） 誰說一定要做天花板？loft風正流行！

　　有的房子天花板太老舊或是做的太低，這時可以請工班裝修天花板。如果天花板只是太舊，高度和造型沒有要變更，可以請工班重新上油漆、貼壁紙即可。如果要重新做，則可以選擇以下幾種作法：

① 以「石膏板」搭配「明架」做天花板

　　一般辦公室天花板大多屬之，一格格的天花板支架露在外面，稱為「明架」，搭配「石膏板」每坪約900元～1200元。很多隔

套收租的套房都用這種方式施做，不僅便宜，未來維修也方便！

此為石膏板搭配明架做天花板,是最簡單施做的天花板。

② 以「矽酸鈣板」搭配「暗架」做天花板

一般住家的天花板大多屬之，雖然從外觀看起來就是一大片，其實那是批土、油漆後的樣子喔！在批土之前，它還是一塊塊的矽酸鈣板，只是牢牢地固定在暗架上。每坪約2300元～3000元連工帶料，依照材料材質而異。

一般暗架的天花板，有些會做造型，或搭配「間接照明」，塑

用平釘天板,搭配個性的吊燈,家的氣氛馬上變得不一樣！

造室內溫馨的舒適感，或者平釘，做崁燈。由於燈光對於室內的氛圍真的很重要，如果你有做天花板，崁燈記得不要平均分配，而是中央區域集中照明配12cm鋁框崁燈（才不會太暗）和外圍配聚光效果的LED四崁、雙崁、單崁燈，會讓室內光線更有層次，家具氛圍更有質感，就像我們去逛家具店看到的光暈一樣，特別有fu。針對不同的區域，尤其是餐廳或吧檯，也可以搭配吊燈，為空間提供不同的層次與表情。

③ 將原來的天花板拿掉，不做天花板

　　如果天花板上沒有管線經過，為了保留樓層淨高，並節省預算，也可以考慮不做天花板喔！如果沒有天花板，可以選擇搭配吸頂燈、吊燈，也可以在重點聚光區域做軌道燈，為重點家具和牆面打光，一樣有spotlight的效果。這幾年來流行的loft風格，還特別不做天花板。就算管線外露，搭配室內整體造型，反而很吸睛喔！

簡單的平釘天花板, 加上投射燈, 反而很吸睛喔!

步驟 5 地板需要重新做？各式材質比一比！

　　有人喜歡拋光石英磚的明亮，有人獨鍾木地板的溫暖。如果你不滿意原來房子的地板，可以選擇重做地板。拋光石英磚幾乎沒有省錢的做法，只有工班的人工和材料費用需要跟師傅多加討論，實際報價依材質而定，普通材質每坪費用連工帶料約4500元～5000元，上等材質每坪上萬的也有喔！

　　一般常見的木地板有以下選擇：「實木地板」、「超耐磨地板」、「海島型地板」和「塑膠地板」。「實木地板」使用整塊木頭切割製作，厚度約1.2cm，上面再噴保護漆，價格依木頭種類、材質而異，以高級的柚木為例， 每坪11000元～30000元皆有，也有較便宜的雜木去染色的實木地板，每坪約4800元～5500元。因台灣天氣潮濕，實木容易因受潮而變形，如果材質不好，實木中有蟲卵，則可能有蟲蛀的問題。「超耐磨地板」厚度約9mm，表層的1mm為美耐板，下面的8mm為木頭夾板，每坪約3500元～4500元。「海島型地板」厚度亦約9mm，表層的3mm為實木，下面的6mm為木頭夾板，因表層實木材質不同而異，每坪約4200元～10000元皆有。

　　如果想做木地板，但又想省錢，可以考慮貼塑膠地磚。「塑膠地板」是以塑膠仿木質紋路，不僅有多種木紋可以選，不用擔心有白蟻、蛀蟲問題，價格便宜，每坪連工帶料約900元～1250元，我的隔間套房通常使用這種地板。如果你的房子裝潢後是要出租的，這是一個C／P值很高的選項喔！

木紋塑膠地板的仿木質紋路, 質感還算OK, 若預算不足時是不錯的選項。

愛莉 貼心提醒 如要選用仿木紋的塑膠地磚，記得要挑選表面摸起來沒有凹凸不平紋路的喔！表面不平整的塑膠地磚雖然看起來很有質感，但是用久了以後，灰塵、髒污都會卡在紋路的縫隙裡，很難清理，而且打掃過後，很快又會卡髒東西。地板看起來髒髒的，連原來加分的質感也不見囉！

步驟 6　牆永遠只有白色？善用色彩創造空間氛圍！

　　如果牆面的漆或壁紙太老舊，這時可以請工班處理牆面。一般常見的有重新上油漆、貼壁紙，不管是哪一個，都需要考慮「風格」，並與家具、家飾做搭配。施作的價格依室內面積、牆面是否需要再批土、以及壁紙、油漆材質報價不同而異。

用淺藍色系來搭配客餐廳的主色調, 耐看而且讓人覺得溫暖。

牆面的顏色，最常見的是「百合白」，不僅乾淨明亮又舒服。不過，這幾年也開始流行用其他色調來當牆的主色喔！以下這張圖片中ABCD四欄色相，AB、BC、CD各自兩兩成為和諧的色相，可以用在同一個空間。每一色相依照深淺又分成了不同的顏色。

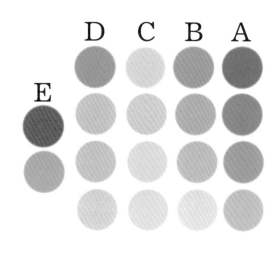

在設計師的建議下，我將這個顏色的概念用在新家的裝潢上：我家的客餐廳就是C欄中的淺藍色搭配B欄的綠色系，主臥是D欄中的淺粉紫色搭配C欄的淺藍色，另兩間客臥則由AB兩欄中的淺綠色系互相搭配，天花板做了我喜歡的崁燈，並搭配幾個LED的聚光燈，巧妙地打在沙發區和餐桌旁的大面IKEA櫃子。窗簾的色系也搭配牆面選擇素色的落地窗簾。因為沒有變更格局，水電也僅重新移動冷氣位置，所以當我用室內坪數每坪約一萬出頭就完成了室內的裝潢，含家具家電也僅每坪約一萬六，朋友們都覺得很不可思議。

除了和諧的色系外，有些人特別喜歡鮮明的顏色，如E欄溫暖的橘紅色系。這類的顏色搭配上特別需要技巧，可以跟你的設計師討論喔！

步驟 7

系統家具、活動家具各有優劣

雖然我一再強調活動家具的好處，不過，對於特定空間的家具

配置，訂做的家具仍有一定的優勢。訂做的家具最大的好處是依照空間的長寬高，量身訂做適合的家具，從天花板直接做到地板，絲毫不浪費空間。尤其是玄關的鞋櫃，通常是設計在樑下，增加收納的空間之餘，也讓樑不那麼突兀。或是廚房裡的電器櫃，電器櫃裡針對各類小家電設計了托盤、插座等，讓常下廚的媽媽做起菜來方便許多，還有浴室裡洗手台下的浴櫃、鏡子背後的鏡櫃等，也不是一般活動家具可以取代的。

不過，雖然如此，還是可以依照個人需求混合搭配。例如：客廳的電視櫃一定要訂做嗎？書房裡的大面書櫃和臥室裡的衣櫃呢？建議可以先請系統家具的廠商先到現場丈量、報價，並同時逛逛家具店，比較尺寸比較合用的家具的價格，考量C／P值後選擇適合的選項。以預算來看，木工訂做的費用最高，系統家具次之，活動家具最便宜。

以上是「裝修」的項目說明。發現了嗎？雖然「裝修」屬於裝潢裡的基礎工程，不過，舉凡燈光、油漆的顏色等影響風格設定的元素，還是跟天花板與牆面的裝修有關，而櫃體的選用，不僅跟風格有關，更與預算息息相關！

浴室、廚房的廚櫃、都可以考慮訂做, 空間運用得宜, 方便使用。

6大招數,
用小錢打造夢幻空間!

Tip 小資省錢術,營造風格有方法,
少做固定家具。

完成了「裝修」的基礎工程,再來就是「風格」設計了。

「風格」考驗著每個人的美感與品味,要將牆面、天花板、地板的材質、外觀與家具、家電、飾品、佈置搭配的渾然天成,真的需要下一番工夫,這也是許多人一遇到裝修就乾脆請教設計師的原因。我覺得在「風格」設計上,只要多逛家具店、多參考網站、雜誌上的佈置和擺設,漸漸的也會找出自己喜歡的風格,並且培養自己的品味喔!

由於「風格」針對不同的空間有不同的營造技巧,我有幾招常用的跟大家分享:

招式 1 燈光是空間裡的魔法師,你家有幾種燈?

如果將家具、家電、飾品、顏色當成空間裡的素材,那麼將燈光比喻成魔法師真是再貼切不過。燈的位置和種類很重要!在接觸設計以前,如果我要做天花板,要使用崁燈,工班一般都會幫我搭配照明效果較好的「漢堡燈」,依照空間的大小看要用幾個,避開床和櫃子這些位置後,平均分配排排站,偶爾會搭配局部的間接採光做效果。

在接觸設計之後，我才發現原來燈光的學問這麼多：除了常見的一般崁燈 ──「漢堡燈」和間接照明外，還可以搭配LED聚光崁燈、吊燈（常用在挑高的客廳或餐廳、吧檯）、立燈（需要閱讀的空間尤其需要）、吸頂燈或軌道燈（沒做天花板時可用），為空間提供層次和氛圍。

　　更有趣的是，燈光這個魔法師雖然會多花一點點錢，但是時間拉長來看，真是裝潢裡最值得的一項投資，會讓空間的氛圍完全不同喔！而且，只要掌握幾個元素，可以依照預算自行規劃。下面這張照片，裝修費用約38萬（室內34坪）打造出來的燈光效果，如果預算有限，還是可以掌握幾個原則，用小預算打造溫馨可愛的居家空間。

燈的位置和種類很重要！圖裡有一般的崁燈（A）、LED 聚光崁燈（B）和吊燈（C），為空間提供層次和氛圍。

牆面色系與窗簾巧妙搭配，質感提升50%！

如果家具是空間裡的主角，那麼牆面的顏色可以說是背景了。一般而言，如果你挑選的家具價位較高，質感很好，用百合白的壁面的確很能襯托家具的質感。如果挑選的家具價位較平價，那麼巧妙地搭配和諧的牆面色系與燈光，會讓家具的質感看起來更好。我做了幾次實驗，的確很滿意！

可以把紗簾和布簾放在同一個軌道，可節省預算，但看起來會有雙軌的效果。

除了牆面顏色外，還有一個大面積的色塊就是「窗簾」。窗簾的顏色大多會搭配牆面的顏色，以「和諧」為原則。一般窗簾可分成單軌、雙軌、甚至是三軌。軌道越多價錢越高，但可以創造一層布、一層紗的層次效果。

如果預算有限，想用單軌，一樣可以把紗簾和布簾放在一起喔！紗簾放在布簾中間，平常拉開時看起來有層次，拉起來時紗簾集中在中間，因為密度夠集中，一樣有遮蔽的效果，不失為高C／P值的做法喔!

此外，下次去逛樣品屋時記得留意一下，樣品屋裡的客餐廳和主臥如果有開窗，它的窗簾一定是落地式的，不會是半截式的（僅做到窗的下緣）。這樣做不僅讓高度有挑高的效果，還沒拉開窗簾時，還會有「那邊有落地窗」的錯覺，哈！同樣的概念我們可以用在住家的裝潢上，雖然材料費用會高出一些，但效果差很多，絕對值得喔！

除了大面窗簾，有些房間的窗簾可以使用百葉或拉簾。由於百葉的收放需要技巧，建議多用拉簾，好用又好整理。

百葉簾適合喜歡簡約風格的人,但在使用上有時不俐落。

跟百葉簾相較,我個人比較喜歡拉簾,清潔時相當方便。

買屋關鍵問

Q 我選了牆壁的顏色,也搭配了窗簾和家具的色系與風格,但是既有的櫃子和門的顏色很不搭,怎麼辦?

A 沒關係!櫃子可以透過貼皮或噴漆的方式來改變顏色,門片也可以透過噴漆的方式重新上色喔!不只是櫃子和門,連常見的深褐色踢腳板都可以請木工重新換上白色的,讓室內風格看起來更一致!

招式**3** **善用電視壁掛,空間更簡潔!**

　　液晶電視的價格越來越便宜,普及率也越來越高。你知道你買的電視,只要多加1000元～1500元,就可以請家電行的師傅幫你安裝壁掛嗎?(含安裝人工費用與壁掛的材料費用)有些家電行甚至只要多加300元～500元不等(依電視尺寸,越大越貴)喜歡空間簡潔寬敞的人可以善用這個撇步。

　　不過,壁掛的時候要注意,電視的電線插座、訊號線和網路線的孔位記得留高一點,到時候裝上電視時可以將這些線遮住。不然壁掛了電視,線路卻雜亂地散落在電視下方,還不如直接放在電視櫃上還比較好。

電視裝不妨用壁掛的方式,空間顯得很簡潔!

招式 4 多元家具塑造居家大空間

有鑑於都會區的房價高漲，除了買大坪數外，也可以多利用不同的家具為小空間塑造出大坪效。例如：小坪數的客廳不一定要有茶几，如果換小邊桌呢？如果沒有餐廳，那麼利用廚房和客廳間的空間做一個小吧檯呢？家具不是越多越好喔！重點是機能性和寬敞的空間感，只要能符合使用機能，空間寬敞舒適，住起來就很舒服。

若坪數不大, 可考慮做個小吧台, 機能性較多。

用邊桌代替茶几, 讓空間看起來較大。

招式 5 鋪上南方松,頂加平台變成空中花園!

如果你買的房子有頂樓加蓋,而且沒有蓋滿,或是有個小陽台,可以好好利用這個空間塑造居家生活中的綠意與休閒。以右邊這個例子,將陽台鋪上南方松,再種一些植物,馬上變身為休憩空間,創造全然不同的居家氛圍。

即使再小的陽台, 鋪上南方松,擺放一些植物,就會有紓壓的效果。

在佈置陽台時, 可擺放一些風格小物。

 ## 招式 6 一秒變文青!假掰飾品不可少,看到就想住

佈置是一件好好玩的事,也是我最喜歡的任務。巧妙地搭配顏色與風格,在沙發上擺上抱枕,幫床鋪上舒服的床單,在櫃子上放幾個「假掰」的相片、時鐘,在桌上鋪上桌巾、花瓶、還有喜歡的餐具,哇!就算只在餐桌上喝咖啡,連咖啡喝起來都特別香呢!

幾張海報, 一把舊吉他, IKEA 的
收納櫃, 營造偽文青的角落。

　　佈置不僅可以為住家增加舒適感，連出租和出售時也會加很多
分喔！**我曾經做過幾次實驗，有佈置過的房子不僅出租的速度比
較快，房客看了就喜歡，願意承租的價格比較高，連出售時也不
例外，因為賣相好很多！**畢竟人是感官的動物，看到鋪了軟綿綿
的棉被和大枕頭的床，就想上去睡覺，看到陽台有植栽也會想像
自己住在這裡後怡情養性、蒔花弄草的畫面，讓人一看到就想住
下來。

　　台灣的室內設計產業發達，不管坪數大小都有營造空間的技
巧。平常多看設計裝潢雜誌，多收集設計圖片和裝潢技巧，也可
以多到新成屋、預售屋的接待中心參觀樣品屋，多吸收不同設計
師的經驗和獨到規劃撇步，為你的黃金屋加分！

學會工序順序，你也可以自己發包！

「愛莉，妳說的這些我都學會了，可是，這麼多的步驟，順序是什麼？」

問得好！這就是裝潢裡最重要的「工序」。一般來說，進行的順序如下：

1 拆除工程》

如果要變更格局或有部分裝潢（如：訂做的櫃子）不要的話，那麼在裝潢施工之前，會先進行拆除的工程。此項工程會包含拆除的人工和垃圾清運的費用，依照拆除的材料（拆除泥作的磚牆比木作的費用高）和數量而異。

2 泥作工程》

如果有拆除工程的話，拆除完成後，泥作師傅就要進場施作，修補原來的牆面和砌新的磚牆，尤其是浴廁的磚牆會先做，工程進行會比較順。

③ 水電工程 »

　　泥作完成的差不多後，水電師傅要來配管線（如果沒有動格局，通常水電就會是第一個進場）一般水管和糞管大多走地下，透過幹管接到公用管一起排出去，而電線的話一般多走牆面，因此水電會挖溝槽來配置管線。

④ 隔間牆工程 »

　　現在有越來越多的人選擇用輕鋼架中間加隔音棉，再封上矽酸鈣板來做隔間牆，而不選用較重的磚牆和陶粒板。前者會由輕鋼架的廠商派師傅來施作，後兩者則由泥作師傅施做。

　　基本上，泥作工程、水電和隔間牆工程會交叉施工。水電必須等牆面好了才能完成管線配置，而水電在磚牆上挖了溝槽埋線或在地面上配置了排水坡度適宜的水管、糞管後，也需要泥作師傅將溝槽修平，並將地面墊高施做水泥粉

光。而隔間牆如果使用的是輕鋼架，在封上矽酸鈣板前也需要水電師傅先在裡面配好管線。

由於工序會交叉，考驗著設計師和工頭調度、安排的功力。一個有固定師傅班底的設計師或工頭安排起來會比較順暢，節省施工時間，工序上比較不會出錯，師傅間的默契也比較好。我的第一間房子在裝潢時之所以會拖這麼久，是因為負責的工頭沒有固定合作的班底，做到哪才調度到哪，加上個人財務困難，便一直拖欠下去。

⑤ 木作工程》

如果有要做天花板，木工在水電配置好管線後就會進場施工。雖然木工工程是在水電之後，但早在初期的報價階段，

木工就需要先和水電溝通，先了解冷氣裝在哪裡？冷氣管線怎麼走？哪些管線需要木工以天花板和假樑的方式包起來？了解這些後，木工才能丈量、報價，並於之後按照規劃去施作。

6 油漆工程》

木工完成後，油漆工班就進場囉！油漆工程包含：填縫、批土、調色、上底漆、再上一層面漆，最後裝潢全部完成，家具家電也都搬入後，油漆師傅還會針對不小心弄髒或撞到的地方進行最後修補，油漆工程即告完成。

一般而言，木作天花板一定要先填縫、批土才上漆，至於牆壁，如果是中古屋，不管牆面有沒有變動，通常都會建議先批土再上漆，平整度會比較好。如果是新成屋，因為驗屋時已經檢查過了，牆面的平整度較佳，如需要重新油漆則可考慮不批土，直接上油漆，預算上會比較精省。一般設計師口中的「一度二底」、「二度三底」，「度」指的是批土次數，「底」則是上漆次數。次數越多，質感越好，但價格也越高。

7 燈具安裝》

油漆完成後，水電師傅或燈具廠商會派師傅到現場裝燈。

8 地板工程 »

　　地板工程的工序通常會依不同的裝潢需求而變動。如果地板選用的是拋光石英磚，有時泥作師傅在前面的工程就先鋪設，完成之後再鋪上板材保護，避免木工或油漆工程進行時造成汙損。如果選用木地板或塑膠地磚，會等油漆工程完成後再請木工師傅或塑膠地磚的師傅進行施作。

9 系統家具 »

　　如果有部分家具是透過系統家具訂做，則地板和油漆完成後，系統家具廠商就會進行安裝。

10 清潔工作 »

　　裝潢工程告一段落，接下來就要進行全室清潔囉！除了打掃、擦拭、清洗外，還有剩餘的裝潢廢料清運也會在這個階段一併進行喔！

11 窗簾安裝 »

在清潔之前，窗簾廠商通常會先來安裝窗簾軌道，等到清潔完成後再來安裝窗簾。

12 家具家電進場 »

除了冷氣工程會在水電施作時一併完成外，其餘的家具家電會在清潔工程完成後才進場，畢竟入了家具家電後空間可就沒那麼好打掃，還會弄髒家具家電喔！

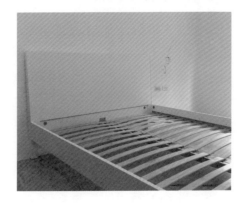

13 佈置工程 »

耶！終於到了最後一個步驟，也是我最愛的「佈置」囉！逛逛家飾店，選擇成套的抱枕、地毯、床單、枕頭套、碗盤和可愛的雜貨，回家妝點心愛的家喔！

別踩4大地雷
避免裝潢糾紛自保之道

Tip 一定要詳閱裝潢報價單，並對使用的建材一一確認。

狀況 1 朋友介紹的設計師就不用簽約？

　　房子有了地段、建材、外觀、基地大小等「硬件」，也要有裝潢、設計這些「軟件」。依據消保會的統計，室內裝修糾紛一向高居消費糾紛之冠。由於許多裝潢糾紛都與「朋友介紹」的設計師有關，當初礙於人情壓力，加上把對朋友的信任移轉到設計師身上，不僅沒有詳細閱讀合約就草草簽約，有的甚至只有一紙報價單，沒有簽約。等之後遇到糾紛時要舉證對方違約，卻發現沒有詳細的書面資料可以佐證，使得雙方各說各話，無法求償，如果房子又因為裝潢問題導致無法入住，就會覺得身心俱疲，快要崩潰。

　　「合約」可以說是裝潢工程中最重要的一份文件，詳細規範雙方的權利義務。舉凡簽約人、工程地點、工程範圍、項目、工程期限、各期工程款項的支付時間等都會條列在合約裡面，並以「報價單」、「設計圖」做為合約副件。

　　此外，由於許多裝潢的糾紛都發生在施工建材和品質不良，**所以報價單上除了明訂尺寸、數量外，還要標明建材的品牌、規格，日後進行驗收時才能明確點交。**

屋主收到報價單後，一定要詳細閱讀，如有不熟悉的建材，可以請設計師或工班帶你到建材行看實品，確認OK之後才簽名。只要合約和附件上有標明建材，屋主簽了名後就代表同意使用。至於好不好看或實不實用，必須在簽約前就確認清楚，否則除非最後交屋的建材有瑕疵或與報價單上不同，不然不能因不喜歡或其他主觀因素要求賠償或重做。

	電視出口配設	處	33.0	800
	網路出口配設	處	4.0	1,650
	沙發後方音響線路配設	處	4.0	1,650
	浴室音響線路配設	式	1.0	1,650
	燈具分線出口	處	1.0	4,000
	燈具分線出口	處	35.0	400
	冷氣排水管定位打牆-打牆	支	4.0	2,500
	開關出口配設	處	33.0	8
2	冷氣專用插座配設(5.5)	處	2.0	3
3	廚房專用插座配設(5.5)	處	1.0	
4	浴室暖風機專用插座配設(2.0)	處	1.0	
5	暖風機配排風管安裝	式	1.0	
16	浴室給排水管/含供水幹管更新	間	2.0	
17	廚房/後陽台給排水重新定位	式	1.0	
18	電燈按裝	間	2	
19	衛浴設備及配件按裝,含配線按裝	組		
20	1/2P穩壓式馬達,含配線按裝	組		
21	開關面板-PANASONIC-COSMO			
22	插座面板-PANASONIC-COSMO			
F	燈具工程-造型燈具視實際挑選計價-日光			
	T5電子式藏燈日光燈(電子預熱高功型)			

> 報價單上,設計費和監工費最好跟工程報價分開,讓各項工程報價單純僅包含人工和材料的費用,方便詢價。

狀況 2　工程款項分期付款就安全？小心文字陷阱！

　　裝潢和預售屋施工很像，通常都會分期付款，做到哪繳到哪。不過，可別以為只要分期付款，資金的風險就會小一點喔！還必須明確訂出各階段的驗收項目，完成這個階段的驗收工程，再繳付下一期的工程款，比較安全。

　　分期付款到底分幾期比較好呢？有些設計師僅分成三期款：在第一階段開工前預收金額30%，等第一階段的拆除、砌磚、水電配管和門框安裝等基礎工程完成後，再接著進行第二階段的工程，將磚牆粉光、磁磚、天花板、冷氣配管完成，於油漆工程開

始進場前收取第二階段的工程款（總金額50%）。最後，等油漆、壁紙等工程完工，各種設備安裝完成，於七日內驗收無誤即收取最後的尾款（總金額20%）。這是我常合作的工班分期付款的方式。

　　有些設計師分成五期款，常見的分期方式為「3-2-2-2-1」模式。第1期：簽約即支付30%，第2期：拆除進場付20%，第3期：泥作進場付20%，第4期：木作進場付20%，第5期：完工付10%。看起來分得很細，好像對消費者更有保障，其實裡面可是充滿了陷阱。仔細看看第2～4期的支付時間，有沒有發現兩個關鍵字：「進場」。我們說過，拆除工程是所有工序裡的第一個步驟，如果依照這樣的付款方式，而且是指「拆除進場」就要再付20%，等於工程都還沒有進度就已經付了50%的款項，等到事後有糾紛或找不到人時已經付出去一大筆錢了。

　　此外，由於泥作工程、水電和木作通常會交叉施工，如果該工程一「進場」就要付錢，可能才在施工不到一半的進度（例如：木工師傅剛開始要釘天花板時）就已經付完90%的款項了（就像我第一間房

請在裝潢前慎挑工班，免得追加預算談不攏，又來個擺爛不理。

装潢的費用從數十萬到數百萬都有, 材質的價差也很大, 必須要在簽約前——溝通清楚。圖為中古華廈重新裝潢, 裝潢費 700 萬 (室內 70 坪)。

子的慘痛經驗），超付這麼多的情況下，事後如有糾紛只能透過協調的方式，根本沒有款項可以扣押做為談判的籌碼。

　　所以，不管你的工程款是分成三期也好，五期也罷，一定要在合約或報價單上明確列出各階段的驗收項目，完成了這個階段的驗收工程，再繳付下一期的工程款，才能讓工程款的支付和工程的進度真正同步，保障消費者的權利。

狀況 **3** 便宜不一定大碗！付款一定要留下金流記錄！

最近有些網站提供了「裝潢媒合」的服務：消費者上網提裝潢需求，由設計師提供提案和報價，最後由消費者根據各家提案和報價決定委託給哪一家做。這個服務的立意雖然很好，可是，許多消費者最後決定的考量點通常落在報價單上的價格，造成施工品質不良等常見的裝潢糾紛。

雖然我常常強調錢要花在刀口上，強調C／P值，可是切記：便宜不一定大碗！如果有兩家設計師報價，一家報了50萬元，一家報了70萬元。你選擇了50萬那家，表面上是省了20萬，結果付了80%之後工程完成不到一半，卻找不到人或遲遲無法交屋，損失了40萬，還要勞心傷神，得不償失。或是做到一半才說要追加工程款，連續追加三次，總金額變成120萬，遠比預算還高。

此外，為了避免日後有糾紛時舉證困難，所有支付的款項一定要留下金流記錄。最好是用匯款的方式，並保留匯款單。如果真的一定要用到現金，也一定要請對方親自簽收，並妥善保留收據。

狀況 **4** 保固服務很重要，必要時主動諮詢專家！

雖然在裝潢完成後，會進行工程總驗收的動作，可是，很多問題都是要住進去之後才會發現。例如：淋浴間排水不良、馬桶沖水會回堵、油漆脫落、冷氣滴水…甚至還有滲漏水等問題。只要有施工品質上的問題，都應該立即聯絡設計師和工班，由他們提供修繕、保固的服務。在驗屋時可以詢問後續保固的方式，並錄音存檔為證。

此外，裝潢糾紛層出不窮，最好能透過完整的合約、溝通、確認、監工等，做好事前的預防，如果還是不幸遇到了也別慌張，

有些裝潢的海蟑螂就是看準了大部分的消費者都不懂工程和法律，所以將同樣的手法不斷複製在不同屋主身上，記得主動諮詢消保官和律師，必要時寄發存證信函並收集證據。

別忘了，先做好敦親睦鄰

在裝潢的過程中，有一群人因為你家的工程使得生活作息被打擾，答對了！就是你的好鄰居們。

由於工程施工少則一個月，長則三個月或半年以上，時間可説是不短。這個期間，不僅早上還沒起床時，就聽到震耳欲聾的施工噪音，午睡時間也不能休息，加上工人進進出出，梯廳等公共空間可能還會有沙塵、垃圾。所以，在裝潢工程進場前，記得先跟鄰居們打個招呼，如果是剛買的新家，最好可以買個伴手禮，順便拜訪鄰居。施工前，要在樓梯間和門口貼「裝潢通知」，告知預計施工的期間、設計師或工班的連絡電話等，如有打擾之處，方便鄰居可以直接聯繫。

此外，也要特別交代設計師與工班，周末、假日全天、與平常日的早上8點半前和晚上6點半後不要施工，或僅能進行油漆、貼壁紙等沒有噪音的工程，盡量不影響鄰居的生活作息。

以上是裝潢的注意事項，你學會了嗎？

第**6**章

雙贏的投資策略，
賺租金又賺增值！

做好市場評估，快速出租，讓房子自己養自己！

策略1　不出租，純賺價差！20間房子淨賺800萬！

策略2　整層收租，用240萬賺240萬！

策略3　隔套收租，月賺租金3萬，再賺價差200萬！

策略4　3個祕訣讓你的預售屋獲利出場！

策略 1

不出租, 純賺價差!
20間房子淨賺800萬!

Tip 老公寓一定要利用裝修來提升
房屋的價值。

「愛莉,我想要買一間房子整層收租等增值,有沒有推薦的區域?」朋友在FB上敲我訊息。

「你想要放幾年?」我回問。

「可能2～3年吧,也可能5～6年,有差嗎?」他很納悶。

「當然有差阿,知道你打算持有幾年,我才能評估哪一個區域在那幾年間有增值的空間,才能給你建議啊!」我說。

不管是自住等增值,或是哪一種投資策略,都有持有時間的考量喔!除了自住等增值外,還有四種常見的投資策略,下手前一定要先想好自己的策略是什麼。就讓我來為大家一一介紹囉!

我有一個前同事,家裡開傢俱行,在7～8年前非常瘋狂地買賣房子,短短3年內買賣了20間房子,平均不到兩個月就買賣一間,總共淨賺800萬元!每間房子的獲利雖然不高,量大時卻很驚人!周轉要這麼快,需要掌握以下2個重點:

重點 1 700萬舊公寓沒人要,裝潢後1080萬成交!

很多人覺得短時間內賺取價差獲利就是炒房,可是你知道嗎?

大部分純賺價差的投資客做的事可不只是買進和賣出喔！中間他們還做了很多事，幫房子增加價值。

　　我常常覺得，人真的是很視覺的動物。我有個朋友買進一間在新北市近郊有頂加的公寓，當它破破舊舊的時候，總價700萬元大家還嫌貴，賣了三個月還賣不掉！他買進後花了四個月，將近200萬重新裝潢後，賣1080萬一個月就成交了。明明是同一間啊！透過設計與裝修，將一間老舊頂加公寓，改造成舒適寬敞的居家空間，處理了壁癌、漏水的問題，讓房子的質感都提升了。對我來說，這個增值，賺的就是屋主幫房子增加的「價值」。

　　看到這裡你可能會納悶：愛莉，妳不是說不要買投資客裝潢好的房子嗎？怎麼這裡說投資客有幫房子增加價值？沒錯，因為大部分的投資客都是將本求利，能花50萬就處理好的工程不會花80萬，只要能用就好。但是，還是有投資客是比較有信用的，將房子裝修的很實在，如交屋後有什麼瑕疵也都會請工班提供保固服務，協助修繕。這兩類投資客在仲介圈中都有口碑可以探聽，只是一般人比較難判斷我們現在看的到底是哪一種投資客裝潢的房子，為了避免誤踩地雷，乾脆不要買最好。

二、三十年以上的舊公寓大都有漏水或壁癌的問題，若沒有處理好，絕對會影響價格。

裝潢好之後，頓時提升好感，屋價也跟著水漲船高。

重點 2 買得夠便宜！屋主缺錢，買到賺到！

　　另一種不裝修也可以賺取價差獲利的方式就是：買入的價格真的很低，也就是買進被低估的房子。取得的管道包含：屋主急售、債務擔保承接（屋主欠你錢，把房子抵押給你，當債務無法償還時房子變成你的），或是法拍等途徑。對於牽扯到債權糾紛的房子通常關係人比較多，買賣和點交也比較複雜，除非有經驗豐富又值得信任的仲介或朋友可以協助，不然對於初學者來說，比較不建議喔！

重點 3 奢侈稅＋實際登錄，純賺價差大不易！

　　值得注意的是，除非你是用現金買房子，不然因為沒有租金收入可以用來支付貸款利息，如果放的時間太長，增值的空間就會被利息吃掉。此外，這幾年房價已高，加上奢侈稅與實價登錄上路，要在短時間內以超額高價賣出也不容易，所以最重要的還是要買的夠便宜，加上透過裝修和風格來提高房子的質感，才有機會在買賣間獲得理想的獲利。

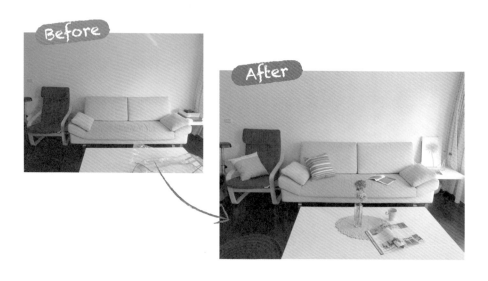

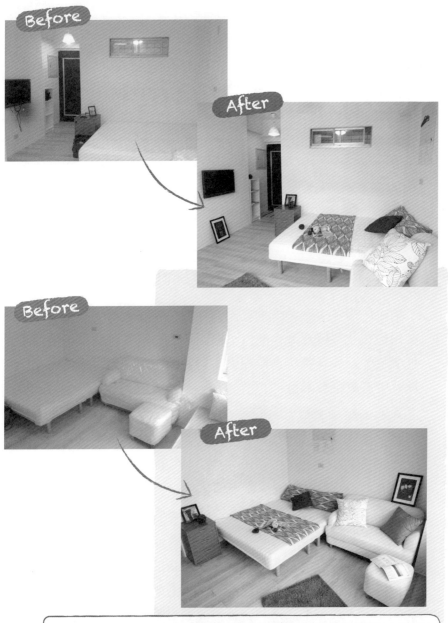

利用裝修和佈置技巧可以來提高房子的價值感，以上的案例是在購買中古屋裝修後，利用一些簡單的佈置小物增加質感。

整層收租，
用240萬賺240萬！

> Tip 租客管理是關鍵，挑選好房客。用租金支付利息等增值。

2年投報率100%！4大關鍵讓你順利出租！

相較於「純賺價差」，我比較喜歡「整層收租」的投資策略。如果你想要買好資產等增值，期間可以出租支付利息和房屋稅、地價稅，2～3年後等寬限期過了再賣掉，那麼你可以考慮買新成屋或中古屋整層出租。

我在兩年前和朋友合買了一間屋齡三年，位於內湖的小兩房電梯大樓，當時的自備款約240萬元，每個月貸款利息約15000元，每個月收租26000元，扣掉利息和管理費後雖然剩下不到10000元，但是兩年後房價增值，依照同棟大樓實價登錄的行情來估算，扣掉稅費大約賺了240萬！由於地點和物件都很好，目前仍穩定收租，持續增值。

其實「整層收租」和「純賺價差」有許多雷同之處，一樣都是維持住家的格局，沒有隔成套房，不同的是，**「純賺價差」放的時間不能太長，不然獲利會被貸款利息吃掉**，因此「隨著時間增值」的因素較低，必須買的夠便宜並以「裝潢」來提高房價。

而「整層收租」因為持有的期間比較長，如果可以爭取2～3年的寬限期，透過收租來支付寬限期間內的利息和稅費，等於投入

的資金只有初期的自備款，等到寬限期結束再出售，剛好可以渡過奢侈稅的閉鎖期，是比較有把握的投資策略。

「整層收租」有幾個重要的關鍵點，要投資之前要謹慎評估：

關鍵 1 小心獲利被裝潢吃掉！

裝潢＝裝修＋風格，對於整層收租的物件，視屋況先評估有哪些基礎工程要進行，需要花多少預算，並多選用耐用、方便維護的建材來裝修。例如：地板如果有需要重做的話，可以選用耐磨又便宜的仿木紋塑膠地磚，看起來就像新的木地板一樣。

牆面可以多用油漆，比較好整修，如果真的要用到壁紙，也僅挑選幾面主牆施作壁紙。油漆比壁紙好維護，壁紙一旦有破損，要修補的漂亮不容易，如果面積太大或髒汙處太多，就只能整面全部重貼。

整層收租，儘量使用活動家具，只要搭配得宜，一樣會讓房客覺得舒適。

而油漆因裝潢時大多會請師傅將沒用完的油漆先用寶特瓶裝好，放到陰涼乾燥的地方，如有部分牆面髒汙，只要拿出來局部刷一刷，不需重新調色，只要時間沒有太久，色差通常不會太大，比較好修補。

　　此外，「整層收租」的房子最終還是要賣給想要自住的人，為了避免你的裝潢風格他不喜歡，除非是小坪數的房子要透過量身訂做來爭取坪效和收納空間，不然，可以少做一點木櫃或系統櫃，多用活動家具來取代。不僅可以節省費用，房客入住也夠用，還幫下一個買方爭取比較高的裝潢與空間配置的彈性喔！

關鍵 2　租金一定要夠付貸款利息！

　　由於「整層出租」的投資策略必須以租金支付持有期間的利息與每年的房屋稅、地價稅，所以在決定購買之前最好先調查鄰近區域的租金行情。以下是調查租金行情的方式：

👍 先查租屋網站

　　調查租金行情的第一步就是先到熱門的租屋網站搜尋附近待租的整層出租物件，看看租金刊登多少錢、坪數多少、格局為幾房幾廳、屋況如何、是否有提供家

每個房間若有良好的採光，格外搶手。

具、家電等配備。將目前待租的物件條件紀錄下來，可以對租金行情先有個大致的印象。

👍 實地看屋

如果你發現租屋網站有幾個鄰近物件租金不高，但是租了好一陣子都沒有租出去的，可以以租客的身分，跟屋主或仲介約看屋。有時候雖然租金很便宜或照片看起來很舒服，但一到現場看才發現格局、採光或小環境不好（如：樓梯間雜亂、附近有資源回收場、靠近宮廟等），也可以做為未來招租的參考。

👍 詢問當地仲介

由於仲介除了售屋外，也有承接出租的業務，所以除了到租屋網站查詢租金行情外，跟當地的仲介聊聊也是一種獲得資訊的方式。你可以提供你設定的坪數、格局、屋況等條件詢問仲介，通常也會獲得一些寶貴的租屋行情資訊。

關鍵 3 善用技巧，快速出租！

由於招租期間越長，表示空屋時間越久，沒有租金來源，無法支付貸款利息，投報率也會變低，所以如何盡快順利出租也是一門學問。提供幾個招租管道給大家參考：

👍 仲介

由於大部分的仲介都有承作「代租」業務，可以直接委託仲介幫忙出租。如成功出租，則房東需提供一個月的租金，房客需提供半個月的租金做為仲介服務費。除了一般坊間的仲介，還有一些專門承作外商派遣員工的租屋仲介，通常租金會比鄰近行情高20%～40%。如果你的房子是位於市中心，屋況佳，屋齡小於10年的電梯大樓，不妨可以與他們連繫、委託出租。

功能齊全的小套房, 擺個海報也有加分效果。

👍 租屋網站

有幾個熱門的租屋網站，招租效果不錯，刊登廣告費用為免費或200元～600元不等，刊登期限多為1個月。

👍 代租管、物管公司

目前坊間有些物業管理公司有承作「代租」與「代管」業務，如成功出租，則房東需提供半個月的租金做為「招租服務費」，並於租賃期間每個月支付10%的租金做為「代管服務費」。雖然成本較高，但是房客大小事均由物管公司處理，房東不需面對房客，對房東來說，也不失為一個好選擇。也可以僅選擇「代租」不「代管」，視你的需要而定。

👍 大樓管理員

如果你的房子有大樓管理員，可以請大樓管理員幫你留意有沒有人要租屋。如成功招租，可以包個紅包給他，也算是雙贏喔！

除了善用招租管道外，如何提高房子的租相也有技巧喔！

👍 拍照技巧大不同

　　由於大部分的房客多由租屋網站查詢出租資訊，所以照片一定要拍的好才有好賣相！基本的單眼相機是必備的，如果有廣角效果就更好了。不過，照片效果不能和實際情況差太多，否則從照片看來空間非常寬敞，一到現場發現擁擠狹小，反而有反效果喔！

利用佈置清新的流行風格，加上拍照取景角度，能增加房客的好感度。

拍照時最好不要誤導房客，以為房間很大，結果實際一看，會覺得落差很大。

👍 巧妙描述物件優點

　　除了好照片外，關於物件的描述也很重要喔！我常常瀏覽別人

的租屋廣告，從中學習別人的巧思，卻發現很多房東都只有草草刊了幾張照片，沒有多介紹房子與環境，難怪租了很久都租不出去，真的很可惜。其實，除了可以在文案中說明提供哪些家具、家電外，還可以多介紹社區的氛圍、學區、附近生活機能等，多一些吸引房客的資訊，讓租屋廣告更有效喔！

如何訂價

　　雖然大部分的租客都會殺價，但是如果一開始先刊登較高的租金好讓房客殺價，反而吸引不到房客看屋。最好的方式是刊登你實際想租的底價，如房客想要殺價，則提供「現在馬上簽約，就多送半個月或1個月的租期」變相降價給房客。由於房子如沒有出租成功，空著也是空著，不如將空著的時間送給房客，也能作為加速房客簽約的誘因喔！

關鍵 4　租客管理很重要 ── 壞房客讓人睡不著！

　　有出租經驗的房東都知道，房客的素質對於管理成本與屋況的維護相當重要。有人說，「好房客會讓你上天堂，壞房客讓你住套房」，我說：「如果找到壞房客，你會希望自己住在那間套房，不要出租」。

　　我和朋友合資一間台北市中心的套房，裝潢佈置的很漂亮，才在網路上刊登兩天就有人來看屋。要承租的是一位小姐，打扮清秀，說她在經紀公司工作，很喜歡這個房子，不殺價直接簽約。

　　雖然房客很阿莎力，但我們覺得說不上哪裡怪，有個直覺告訴我們不要租給她，但是因為租金高又可以馬上簽約，心動之下還是答應租給她了。

　　沒想到前兩個月都正常，第三個月起開始拖欠房租，後來開始有鄰居反應房客的訪客太多，而且朋友很複雜，還會在晚上將音

樂開的很大聲。如果被鄰居檢舉，她一生氣起來就拿東西砸樓下店家的花盆，連路邊的車子都遭殃。

後來我們才發現，原來她在家裡「接客」，還有吸毒的行為，神智恍惚，就算報警也是隔天就放她回家。期間透過民事訴訟、刑事訴訟，最後經過了長達七個月的協調並支付搬家費請她搬家，這半年多來耗費的心力絕對不是只有幾個月的租金可以計算。事後回想，早在帶看時我們就應該相信直覺，當機立斷，不要貿然出租給她。

找到一個好房客，除了生活作息正常，不會打擾到鄰居之外，也比較會愛惜房子。許多人認為，租客的管理必須要常常與租客連繫，關心他們，**其實，除了租賃期間的客情維護外，從招租、帶看的那一刻開始，我們就在做租客管理了。與其學習如何管理好房客，不如學會如何找到一位好房客，自然就不會有後續衍生的問題。**以下是我整理出來的幾個關鍵技巧：

👍 1.確認房客的工作、目前居住地

為了確保房客的素質與經濟情況，帶看時一定要交換名片，了解他在現在的公司服務多久了？並詢問他從哪裡搬過來？為什麼搬家？本來的地方住多久？如果他目前待業，或從交談中了解他頻繁換工作，或之前住的地方住不久，建議不要承租給他，避免後續他房租繳不出來或要求提前解約。

👍 2.確認房客的居住人口

有時候居住人口不只一個人，如果房客有帶另一半或家人來看屋，可以順便觀察他們彼此互動和相處情況，也可以口頭詢問之後有哪些人要一起住。如果觀察到他們的交談常起口角，或者出入人口太過複雜，建議不要承租給他，避免入住後常常爭吵影響鄰居安寧，更甚者可能會有家暴發生。

👍 3.禁菸、禁寵物

　　雖然愛寵物是有愛心的表現，不過，由於我們無法確保每個房客都會好好照顧、管理寵物，如果沒有好好照顧寵物，不僅房子會有寵物的氣味、家具被寵物破壞外，還有可能影響鄰居安寧，所以最好還是「禁養寵物」。至於抽菸，除了屋內有菸味外，如有不慎更有可能引起火災，所以「禁止室內抽菸」也是必要的喔！不僅帶看時要特別詢問，合約上也要註明「禁菸」、「禁寵物」，並說明如有違約，房東可以要求違約罰款，並解除契約。

👍 4.簽約時仔細點交室內物品

　　由於房東通常都會提供部分家具、家電，為了確保房客會愛惜這些配備，簽約時要一一確認室內物品明細，載明於合約中，並於退租時點交，避免退租後的糾紛。

👍 5.押金兩個月一定要收足

　　簽約時，房東大多會收取兩個月的租金做為押金，加上第一個月的月租，房客必須在簽約時就提供三個月的租金給房東。由於金額不小，有些房客會要求只給一個月的租金做為押金，或是押金分成兩個月繳。這樣的房客通常現金較不足，或是工作較不穩定，即使你給他方便，承租後也可能會有租金遲繳或積欠的現象。為了後續的管理，建議押金兩個月一定要一次收足。

👍 6.簽約後保持連絡，過年過節定期關心

　　簽約後房東雖然不常與租客見面，但是彼此能認識且將房子出租給房客，也算是一種難得的緣分。由於大部分的租客大多是外地人，甚至可能是在台灣工作的外國人，建議在簽約後可以保持連絡，並在過年過節時送上小禮物，定期關心。現在的網路科技很方便，透過手機APP就可以保持連繫，不僅讓房客更愛惜你的房子，也可以多一個朋友，何樂不為？

👍 7.觀察細節，相信直覺

從接到房客要求帶看房子的電話開始，我們就可以觀察房客的素質與生活習慣。例如：晚上11點以後打電話來約看屋的人，表示他不尊重房東的休息時間；約定好時間要看屋卻遲到的人，表示他容易破壞承諾；急著看房子要搬家的人，代表他跟前房東可能處得不好，或是他容易把事情拖到最後一秒；身上明顯有菸味，知道你禁菸還說OK的人，可能不會乖乖遵守禁菸的生活公約……這些細節都可以觀察出房客的素質，當有這些情況發生，請相信你的直覺，因為後患無窮，不管租金再高都不要租給他喔！

我在結婚之前，曾經在台北租屋多年，遇過很溫暖的房東，期許自己也能成為那樣可愛的房東。除了挑選房客、管理房客外，別忘了也要求自己成為一個愛護房客、尊重房客的好房東，畢竟在完成租賃合約後，房東與房客是平等的，我們希望房客住在房子裡能感受到家的氛圍，也能好好愛惜房子。這樣的雙贏才是最美好的，不是嗎？

🏠 買屋關鍵問

Q 請問簽約時，用書局賣的租賃合約範本OK嗎？

A OK的，不過，記得要自己多做一張家具家電的點交清單，並在後面註明如因非正常的使用導致損壞，退租時要賠償。每一個品項的賠償價格可以直接列在點交欄的後面，不僅對房東比較明確，也能保障房客以免房東獅子大開口，要了一個天價，不還押金。如果在正常使用下家電還是故障，可以使用保固服務，請家電廠商來維修就好。

隔套收租, 月賺租金3萬, 再賺價差200萬!

Tip 隔套收租利潤高,但風險也高,
一定要先做市場評估。

8個眉角讓房子自己養自己!

「隔套收租」可以說是我接觸房地產之初,最吸引我的投資策略了。如果你的自備款足夠,想要每個月都有至少2萬元～4萬元的被動收入,出租期間除了支付利息、房屋稅、地價稅外還有多的現金流,可長期收租或賣給想當現成包租公、包租婆的人,那麼買中古屋隔套出租或買現成已隔好的套房,是個不錯的投資策略。

我的第一間隔套收租屋,每月扣掉利息後的租金淨收入有3萬元多,讓媽媽順利退休,3年後賣掉還賺了200萬元,算是漂亮出場!有些隔套收租的房子土地持份高,地點好,因為租金穩定,還可以長期收租等都更,是個進可攻、退可守的投資策略。

「隔套收租」最被人詬病的,是房子結構上的安全。的確,比起前面幾種策略,隔套收租的確複雜多了。不僅要有經驗豐富、值得信賴的工班,最好還要申請「室內裝修許可」,請結構技師或建築師確認新的隔間方式會不會影響房子的結構安全。

此外,隔套收租雖然可以帶來漂亮的現金流,不過,如果隔好後租不出去,或租不到想要的價格,也是枉然。而且,隔套收租

面對的房客遠比單純的整層收租多，租客的管理特別需要花心思。

我將「隔套收租」整理出八個眉角，想當包租公、包租婆的你，可要看仔細了！

租金要夠付房貸每月攤還的本金和利息

由於「隔套收租」初期要出的自備款比較高，除了買房子的頭期款、稅費外，還有裝潢、家具、家電的成本，所以，**如果租金可以為你帶來的現金流不夠高，就失去了「隔套收租」的意義。**

一般來說，「隔套收租」每月的租金除了要能支付貸款利息外，最好還夠付每月攤還的本金。舉例來說，假設房子總價800萬，貸款8成，貸款期間20年，利息1.88%，2年寬限期。以「本息平均攤還法」計算貸款，寬限期限內每月要繳12533元，2年寬限期後每月要繳43685元。如果「隔套收租」每個月可以收租45000元，那麼寬限期內可以拉高現金流，就算寬限期過了不想延長寬限期，也可以做到「讓房子自己養自己」，由租金直接支付每月本息攤還的貸款金額，等出售時由下一手屋主幫你償還剩餘的貸款，你便能拿回你已經支付的本金多加獲利，假如有都更效益，也可以長期收租等改建。

想做套房出租，先做市場評估

雖然租金現金流高，但最怕的莫過於隔好之後租不到理想的價格，甚至租不出去。由於「隔套收租」將房子的格局和管線全部都變更了，如果隔好後發現租金太低或租不出去，想要改成一般住家格局做「整層出租」或當成住家出售，成本將會提高非常多，所以事前的評估非常重要。

這幾年由於隔套收租盛行，有些區域的套房供給已大於需求，所以在進場前，一定要調查你搜尋的區域裡，待租的套房數量多不多。如果待租的套房數量很多，最好謹慎評估租屋市場，才不會發生隔好後發現租金太低或租不出去的窘境喔！

隔套收租最理想的租客對象就是上班族，不僅收入穩定，租金預算也比學生高，所以如果物件鄰近公司行號聚集的園區、政府機關或醫院，比較有穩定的租客。此外，也要注意小環境和生活機能，讓房客住起來便利又舒適。

 買屋關鍵問

Q 如果附近沒有園區，但有學校，適合買來租給學生嗎？

A 學生的確也是一個穩定的租客來源，不過需要留意的是學生的租金預算較低，且因為學生留在房間裡的時間比較長，家具家電耗損率較高，如你有興趣針對學生市場招租，可以先以租客身分參觀幾間目前有在招租的套房，研究一下租金行情、提供的配備、是否好租、空屋情況等，再評估是否投入喔！此外，有越來越多的私立大專院校招生困難，如果你有興趣的區域鄰近這樣的大專院校，最好還是多多考慮。

眉角
3 留意建築法規，小心房子被報拆！

由於建築法規越來越嚴格，使得隔套收租越來越不好做。目前台北市已於2011年4月法規修正，住宅若新增衛浴設備（疑似隔套收租）需樓下住戶同意並簽署同意書，否則即報即拆，要求恢復原狀，2011年4月前已經隔好的不在此限。因為大部分的樓下住戶只要知道是要隔套收租幾乎都不會答應，所以目前要在台北市買來自己隔套幾乎是不可能了，除非買的是一樓或透天。

至於其他縣市，則需要申請「室內裝修許可」，由設計師提供平面圖等資料後，由建築師實地勘查現場，確定其施工不會對結構安全造成不良影響，將其報告連同相關資料送交建管處，取得「室內裝修許可」才可以施工。雖然費用會增加8萬元～20萬元不等，但是總比裝修到一半被報拆，多浪費的工程款和時間划算，建議要申請喔！

此外，許多電梯大樓甚至公寓社區都有設置管理委員會，不僅每個月的管理費較高，當你要裝潢時，還需要另外向管委會申請報備，如鄰居發現你是隔套收租，甚至還會請管委會出面協調要求拆除。所以，如果是有管委會的社區，就盡量不要考慮做隔套收租喔！

 ## 邊間、格局方正超好隔，創造高坪數效用！

一般的公寓通常都有前後兩面採光，而邊間的房子最棒的就是除了前後採光外，還有側邊採光，共有三面採光。如果格局方正，就很輕易能規劃出每一間通風、採光條件都很好的套房隔間，且空間可以充分利用，創造高坪效。

雖然採光面越大越好，不過，如果車流量太大，甚至鄰近高架橋或高速公路，就算隔音窗做得再好，還是難免有噪音干擾，且房客為避免噪音大多不敢開窗，也失去了對外窗通風的好條件。在過去沒有都更題材前，**一般來說，以離大馬路近的第一排靜巷最佳，離塵不離城，走路兩三分鐘就到生活機能便利的大馬路，平常又不會吵，最適合自住和出租。**

不過，現在有了都更的考量，由於鄰近馬路的寬度會影響都更的容積率獎勵，所以，大馬路上的物件只要車流量不會太大，還是可以考慮。

除了原始格局外，套房隔間的格局規劃也很重要，包含：家具

的擺設位置與動線、要放雙人床還是單人床？有沒有沙發？每間房間有沒有獨立洗衣機？獨立小廚房？有沒有保留獨立陽台？進門之後空間是否感覺開闊寬敞？是否有對外窗？有沒有空間晾曬衣服？種種格局規劃，影響套房出租的賣相甚為深遠。為了讓大家更有概念，可參考以下範例，比較原始格局和新格局的差異，並參考坪數和格局安排的說明。

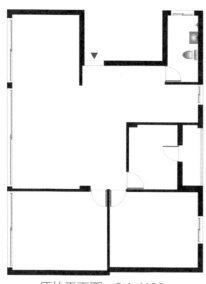

原始平面圖　S:1 / 100

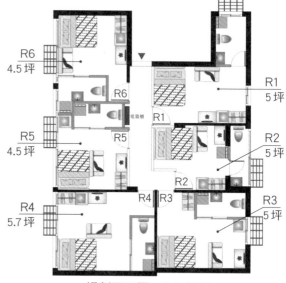

規劃平面圖　S:1 / 100

坪數：約 34 坪
原始格局：2+1 房 2 廳 1 衛
　　　　　（原格局左上角為和室）
規劃格局：6 房 0 廳 6 衛

左圖為原始平面圖，右圖為規劃隔套的格局圖。雖然坪數不大，但是兩面大採光，格局方正，隔成六間套房仍很足夠，每間都有對外窗。美中不足的是，R2 的廁所隔的不好，把採光面留給了浴廁，變成房間要透過浴廁才有採光，而且洗衣機放在茶几旁邊，也顯得突兀，應該有更好的規劃方法。

　　規劃格局時除了要考慮通風、採光外，家具、家電的擺放與動線也影響空間感和使用性甚大。謹慎起見，最好先預留好每個家具、家電擺放的位置，將管線位置都規劃好。例如：放洗衣機的

地方要留排水孔並裝水龍頭、放書桌或茶几的地方通常會上網，要預留網路孔、放電視的地方要留第四台的線路孔、放冰箱的地方要有插座…等，事先預留好空間，並設想動線，才不會之後要修改很麻煩。

由於套房的空間較小，因此家具、家電最好能兼顧收納的功能或輕薄短小。例如：電視選擇壁掛，不用再多放一個電視櫃、衣櫃最好門內附有全身的穿衣鏡、床架選擇掀床，可以收納棉被和換季衣物、沙發和茶几也可以選擇體積較小的設計，節省空間。如果房間不大，但想提供獨立廚房，可以善用冰箱上面的空間，做一個櫃子，內嵌電磁爐，並設計托盤，可當料理檯面，節省空間又方便。

內嵌電磁爐的櫃子能節省空間。

每間衛浴最好有獨立的洗衣機。

眉角5 水電管線很重要，千萬不能省錢！

由於隔套收租居住的人口較多，用電量也較大，尤其夏天幾乎每一間套房都會使用冷氣，如果又有電磁爐或除濕機，則有可能會跳電、甚至有電線走火的風險。除了在電纜及電線的挑選上不要使用便宜或過細的線路，避免過熱跳電或走火之外，如果隔間數在7間以上，最好請工班跟台電申請兩戶配電，這樣的電力比較供應無虞，比較安全。

此外，由於隔套收租將整層樓隔間為多間套房，每間套房都有獨立浴廁，必須透過空氣壓力管與管線坡度的設計，讓每一間的水管、糞管集中到一處，再一起排到汙水池和化糞池裡。這也是為什麼一般隔間套房部分地板需要墊高15～30公分才能設計坡度。

如果使用便宜的材料，導致塑膠水管、糞管破裂或鐵製套管生鏽，可能會滲水，滲出的汙水在樓地板間滲延，久了就有漏水的現象，必須敲掉地板才能檢查破損處，不可不慎。如果坡度不夠、或沒多留空氣壓力管，則廁所馬桶沖水時可能無法順利排水，輕則有回堵現象，重則造成糞管堵塞，因此需要有隔套裝潢經驗的水電師傅施作比較安全。

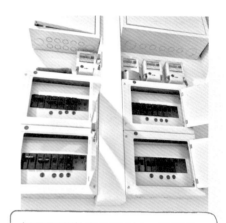

如果隔間數在 7 間以上，最好請工班跟台電申請兩戶配電，比較安全。

隔間套房常藉由部分地板墊高來設計坡度，以利水管、糞管排水。

買屋關鍵問

Q 如果我希望地板不要墊高太多，改將樓地板往下挖，把管道藏在樓地板裡面，這樣可以嗎？

A 由於樓地板厚度一般多為12～15公分，這樣可以減少墊高的高度，避免天花板的壓迫感；不過如果施工品質不好，很容易傷到樓地板的鋼筋結構，影響結構安全，一定要謹慎！

每間套房編列5千元裝潢預算，提早租出去！

還記得「裝潢」＝「裝修」＋「風格」嗎？對「隔套收租」來說，「風格」就是佈置了。除了壁紙、天花板、地板色系的選擇，和家具、家電的挑選與擺設外，還有許多佈置小撇步可以創造空間大魔術。以下是套房佈置的技巧：

👍 色系選擇和風格設定先定調

隨著套房越來越多，套房佈置和廣告刊登越來越競爭。許多房東和代租管業者學起了網拍服飾的行銷方法，幫自己的套房廣告標題取了一系列的形容詞，如：幸福可可、桔香元爵、清甜萊姆、禪意日宅、南法莊園、玫瑰香氣、地中海陽光…等，並以佈置來襯出溫暖、清新的風格。由於牆面油漆、壁紙、窗簾、床單、沙發佔了套房視覺的絕大面積，因此要先決定每間房間的色系再來挑選壁紙、窗簾、家具、家電、飾品等，才能搭配得好。

👍 精心挑選佈置小物，為空間創造不同氛圍

地毯、蠟燭、相框、掛畫、抱枕、盆栽…精心挑選色系與風格一致的佈置小物總是能為空間創造嶄新的面貌。下面的照片是同一間房間佈置前後的比較，賣相是不是完全不同呢？

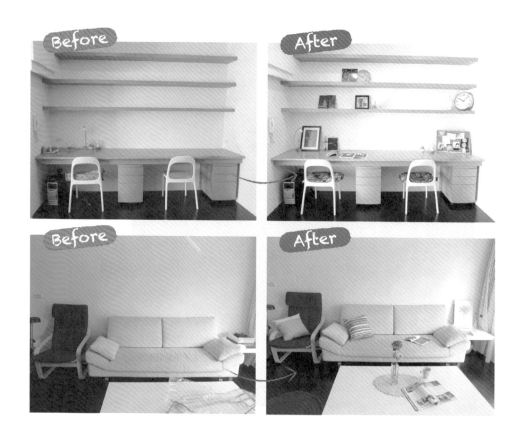

👍 適度放上生活用品，讓房客想馬上搬進去住

　　如果你曾經住過飯店或民宿，一進房後第一個讓你最想坐下甚至躺下的，應該是大大的床吧！看見那蓬鬆的棉被和枕頭，感覺就很舒服。如果浴廁的化妝鏡台上再放歐舒丹的旅行沐浴組，在架子上擺上飯店必備的大毛巾，在茶几上放上水瓶和馬克杯，往往會讓房客一眼就想馬上搬進去住！

　　其實佈置的秘訣沒別的，就是塑造空間溫暖、清新、舒適的氛圍。只要能讓房客一進門

放上有品牌的沐浴用品，容易擄獲房客的心。

就喜歡，承租意願馬上大幅提高。你也開始心癢癢，想幫自己的套房佈置了嗎？

成敗都在房客管理！

由於「隔套收租」將整層住家改成少則2間套房，多則6～8間以上的套房，每間套房如果都住一對情侶，可能就要面對16個房客，使得租客管理更顯得重要。**除了篩選房客外，門禁磁卡和攝影機對租客管理也很有幫助。**

由於隔套收租的出入人口較雜，門禁磁卡和攝影機除了對房客居住安全有加分外，心懷不軌的房客通常也不會承租（怕罪行被錄下），所以也幫房東過濾掉不優質的房客喔！

此外，收租最害怕的就是不繳錢的房客，如果房客不繳房租就要換鑰匙，也挺麻煩的，有了門禁系統，只要換門禁號碼房客就進不來，再進行催繳或請他搬家會比較方便。

由於「隔套收租」要面對的房客比較多，對於剛開始想當包租公、包租婆的人，可能無法想像親自招租、帶看、議價、簽約、管理、收租金、抄電錶等工作有多繁瑣。所以，在計畫隔套收租之前，最好先規劃一下自己的時間安排，評估是要自己招租、管理或是要找物管公司代租、代管？如果是後者，則記得將代租、代管的服務費納入費用的計算中，以免高估淨租金收入喔！

先算好如何出場再考慮進場！

所有的投資都要先預想好出場策略，即使是想要長期收租的隔套收租物件也是喔！隔好套房的物件，最適合賣給想當現成包租公的人。可是，問題來了：要如何決定出售的價格呢？

由於「隔套收租」每一坪的單價會比一般住家高，所以如何決

定售價則成了一門學問，除了研究鄰近的成交行情外，還有其它因素需要一併考量。以下是決定出售價格的方法：

 「總價之租金投資報酬率」要具有吸引力

所謂「租金投資報酬率」指的就是租金佔總價的比例。例如：總價1000萬元的房子（已隔套完成）一年如可收租60萬元，則其「租金投資報酬率」等於6%，比起將這1000萬元拿去銀行定存的1%利息多高上5倍。

一般來說，房價越高的地方租金投資報酬率越低。

目前台北市「總價之租金報酬率」約為3%～4%，新北市「總價之租金報酬率」約為5%～6%，台中或高雄市區還有8%～10%以上。用年租金回推要給下一手房東的「總價之租金報酬率」，即可得出預計的出售價格。

例如：剛剛那間總價1000萬元的房子，如果收租3年之後決定出售，如果屆時市場上可接受的租金投報率為5%，可出售的總價＝60萬／5%＝1200萬，等於賺了三年的租金外，出售時還有近200萬元的資本利得。

所以不管是要找公寓自己隔套還是買現成已經隔好套房的，建議你的「總價之租金報酬率」最好高於上面的數字，而且總價也不要拉得太高，這樣未來出售時才有空間留給下一個屋主喔！

愛莉
貼心提醒

不要輕易調降租金

每間套房的月租金影響售價和投資報酬率甚大，如果輕易調降租金500元～1000元，不僅一年租金降低6000元～12000元，也因為總價之租金投資報酬率降低，出售時回推換算合理出售價格也會降低。所以，如遇到房客想要殺價，最好提供「今天下訂或簽約，就多送半個月或1個月的租期」變相降價給房客，不要輕易調降租金。

👍 每坪的單價不要超出區域行情高標40%

雖然「隔套收租」因為有租金效益,每一坪的單價會比一般住家高,不過,最好也不要超出區域行情高標40%,否則就算租金很穩定,租金投報率也很吸引人,但買方可以選擇用比較低的價格買還沒隔好的物件,自己隔套就好,不一定要買你已經隔好的物件。

以上述的案例為例,如果建物權狀坪數為30坪,鄰近區域還沒有隔好套房的物件成交行情約30～33萬／坪,高標即為33萬/坪。我們以預計的出售價格1200萬元回推每坪售價,並跟鄰近區域成交行情比較:

$$每坪預計出售價格 = \frac{1200萬}{30坪} = 40萬/坪$$

$$每坪預計出售價格與區域行情高標比較 = \frac{40萬}{33坪} = 1.21倍$$

由於每坪的單價沒有超出區域行情高標40%(即1.4倍),所以這個價格還算在合理範圍。如果上面算出的數值大於1.4倍,則最好降低預計的出售價格,使單價具有競爭力,租金投資報酬率也會因此提高,增加吸引力。

雖然隔套收租主要考量租金投資報酬率,但是,物件是否具備未來的增值潛力也很重要。例如:附近有沒有便捷的大眾交通工具(如:捷運),因為交通方便的地方,未來房價比較有支撐,成功出售的機率也比較高喔!

👍 是否有都更等特殊增值題材

有些物件因為地點很好,公寓的土地持份高,屋齡超過30年,符合都更容積率獎勵的條件,甚至已經被劃定為「都市更新單

元」，那麼就算租金投報率不高，仍然可以賣到好價格。雖然都更的法規因「文林苑」炒的沸沸揚揚，目前仍待修正，不過，在都會區土地越來越少的情況下，加上房子屋齡越來越舊，都更或改建仍是必經的過程。

以剛剛的例子為例，如果有都更題材，就算鄰近無都更題材的公寓成交行情只有30～33萬／坪，而鄰近的新建案行情為65萬／坪，那麼，在都更題材下，就算要賣每坪接近50萬元都有機會，因為都更改建的效益可期，而等改建的這段時間，剛好可以用租金支付每月的本金和利息，讓房子自己養自己，等於只用自備款就買到一間新房子，是許多置產族的最愛。

👍 供給與需求

房地產的價格和其他商品、服務一樣，都是由需求和供給決定的。當同類型的物件供給量大，而需求量小，價格自然賣不高，反之亦然。由於目前建築法規越來越嚴格，以台北市為例，目前台北市幾乎無法再買公寓自己隔套（透天或一樓除外），使得台北市黃金地段的隔套收租物件僧多粥少，價格自然水漲船高。

👍 其他因素

影響房價的原因很多，包含目前房市的動態大多看漲還是看跌、市場游資多不多、貸款好不好貸、貸款利息高低、相關法規的修正都需要納入售價的考慮因素裡。

隔套出租的房子，因租金來源穩定，是進可攻、退可守的投資策略。

由於「隔套收租」收租穩定，多持有幾年再出售也可以，不一定要急著賣。如果物件的條件很好，只是因為大環境不好，不妨再多收租幾年，如有資金需求，也可以考慮「增貸」，等大環境好轉再出售。

「隔套收租」是我很喜歡的投資方式之一，不過，必須要提醒大家，由於**隔套收租的租金高而且收益相對穩定，有越來越多人投入「隔套收租」行列，目前在許多區域「隔套收租」的供給越來越高，導致空屋增加，滿租前的招租時間也拉長**。此外，各縣市政府對於「室內裝修」的法規越來越嚴格，而且鄰居大多認為「隔套收租」會使出入變複雜、擔心影響建物的結構安全，尤其許多縣市都有「1999」便民專線，真的很方便，一旦有人發現你的房子隔成套房要收租，常常會檢舉，使得「隔套收租」的風險和成本增加，對於初學者來說，最好多跟有經驗的朋友討論、請教，不要貿然投入喔！

買屋關鍵問

Q 什麼是「增貸」？

A 「增貸」通常和銀行的估價有關。例如：銀行評估你的房子可貸金額為200萬元，你目前貸款剩餘100萬元，而你需要50萬資金運用，你可以向銀行貸款100萬房貸，這就是「增貸」。在房價成長時，就算你使用寬限期，沒有攤還本金，隨著它增值，可貸金額可能會提高，也使得有「增貸」的空間。

3個祕訣
讓你的預售屋獲利出場!

Tip 預售屋最好賣的時間點是：交屋前三個月到半年。

祕訣 1 掌握預售屋銷售管道，讓你的房子被看到!

如果你目前自備款不夠總價的2成，但想買好資產等增值，目前工作收入穩定，但想強迫自己儲蓄，那麼預售屋是很適合你的投資策略。購買預售屋的關鍵我們已經學會，也已經知道如何破解廣告迷思，可是，如果預售屋還沒蓋好，想在交屋前就換約出售，要如何賣呢？

每次在課堂上問這個問題，大家最常回答的就是：「仲介」。猜猜看，一般仲介擅不擅長賣預售屋？答案是：「不擅長」。

因為預售屋還沒交屋，對於擅長帶看成屋的仲介來說，沒有辦法讓客戶眼見為憑，也沒有接待中心的樣品屋和美輪美奐的文宣可以介紹，銷售力道自然比較小。那麼還有哪些管道呢？對我來說，最好的銷售管道是「代銷」，因為他們是最了解這個建案的人，手上也有豐富的資料可以給客戶參考，成交率較高。

聽到這裡你可能會問：「可是我想賣的時候，接待中心通常已經撤掉了，我要如何找代銷幫我賣呢？」是的，大部分的建案的確在預售完銷後就會將接待中心撤掉，不過，如果該建商在那個區域還有其他案子即將推案（很多重劃區都有這樣的例子），那麼接待

尚未交屋的預售屋,可以考慮由代銷中心或者自己在網站刊登房屋廣告販售。

中心就會繼續留著賣其他案子喔!

　　不過,即使接待中心還在,也並非所有的代銷都可以幫你銷售,因為代銷受建商的委託,必須先推薦目前正在賣的建案,不能介紹已購客戶的轉賣戶。所以,最好的情況是目前建商正在賣的建案裡沒有你想銷售的坪數、樓層或面向,加上客戶的需求很明確,他們就可以優先推薦你的戶別,給客戶參考。如客戶可以接受,則可以直接約時間到建商公司進行換約。

　　不管是透過代銷或仲介,通常服務費和成屋相同(買方1～2%、賣方2～4%)。如果想節省仲介服務費,也可以考慮自己在網站上刊登售屋廣告,如有買方有興趣,再約時間介紹。

秘訣 2 怎麼買,就怎麼賣!文宣想好,打鐵要趁熱!

　　「哇!自己刊登廣告自己賣喔?我怎麼知道要怎麼介紹呢?」

　　呵!很簡單:「怎麼買的,就怎麼賣囉!」什麼意思呢?還記得當初讓你興沖沖買下這間預售屋的理由嗎?一個一個條列出來

熱門的預售屋開賣的排隊盛況。

吧！關於它的環境、格局、建材等等，舉凡讓你心動的所有因素，簡潔卻又一條不漏地推薦給在電腦前瀏覽你物件廣告的人。

不過，因為人的記憶有限，如果等到要賣時才開始寫，可能會發現忘得差不多了，所以打鐵要趁熱，最好在簽約後就先把到時候要出售的文案先擬好，才不會手忙腳亂！

此外，由於預售屋銷售不易，除非是指名度較高的建案，不然，<u>以一般小規模的預售屋建案來說，通常比較好賣的時間點是交屋前三個月到半年</u>。因為預售屋建案在動工時，一般人看到鷹架醜醜的，一點興趣也沒有，等到結構完成，鷹架一落，才開始詢問仲介或上網查詢看這個預售屋有沒有人要賣。如要銷售的話，可以把握這一段時間喔！

 秘訣 3

不透露自己的成本，換約時再揭曉

我們教了很多預售屋買方跟代銷、建商的議價技巧，如果你要賣預售屋，需要的議價技巧又不太一樣了。由於預售屋換約時，買方通常會知道你原始合約的成本，所以有些買方會直接詢問你

的成本，記得不要透露喔！只要提供給客戶換約時他需要準備的金額（你已經繳給建商的款項和價差的總和），以及未來還要繳給建商的款項即可，讓他先評估資金需求，至於原始合約的購買成本，就讓換約當天再揭曉吧！

以上是四種投資策略的眉角，你學會了嗎？由於房地產金額龐大，加上每個個案都可能有特殊情況，建議大家在實際進場投資前最好多請教有經驗的朋友，如果有人隨時可以問就更好囉！

第 7 章

房貸大學問,
省下百萬利息差很大!

每個人的收入和需求不同, 花點時間找出適合自己的房貸吧!

先估貸款再出價，
貸款不高表示你買太貴！

我的祕訣──先請銀行估貸款成數

大部分的人都知道銀行房貸的成數和利息條件很重要，也知道可以談，但是，你知道在你簽約確定購買之前，就可以請銀行先估價給你參考，並詢問貸款條件嗎？

由於銀行的貸款成數是由「實際成交價」與「銀行鑑價結果」兩者取其低者，再依區域、貸款人條件來核定貸款成數和利息，所以「銀行鑑價」對貸款條件很重要。例如：A房實際成交價為1000萬元，銀行鑑價結果只有900萬元，核貸成數為8成，則可貸金額為：900萬×80％＝720萬，只有相當於實際成交價的7成左右。是不是差很多呢？

當你對一個物件有興趣，想進一步議價前，就可以先跟銀行初步詢問貸款條件。**由於通常銀行對房地產估價相對較保守，如果你詢問的幾家銀行對該物件的估價都很高，那麼只要你能買在其估價內的價格，就不怕買貴。**

大多的銀行都有自己的成交行情系統，會將其核貸房貸的每一戶實際成交價輸入資料庫，做為實際成交行情的參考。雖然早期房仲就有公開成交行情可參考，現在更有實價登錄系統可以使

用，但有些銀行鑑價還是以自家的資料庫為基礎。

由於每間房子的狀況不一，屋況、甚至形狀、附近有無嫌惡設施、是否疑似海砂屋、輻射屋等，都會影響鑑價結果（由於同一個社區或連在一起的房子通常都是由同一個營建公司一起蓋的，如果其中某間在銀行的資料庫中標示為海砂屋、輻射屋，則其它間要貸款時銀行就會因疑似海砂屋、輻射屋而影響鑑價金額）。

銀行鑑價人員會先以資料庫中查到的行情取一均價區間，然後參考物件條件和實地勘查來做加減分。例如：資料庫中的行情均價區間為32～35萬／坪，實地勘查發現屋況和其它條件都很好，鑑價人員的鑑價報告就會以35萬／坪為準，如果該筆的合約成交價為35.5萬，鑑價人員可能會接受，因為物件條件很好，且離均價行情區間不遠。如果該筆合約成交價為40萬，則鑑價人員會就其所能估到的最高價，也許是36萬／坪，提供給核貸人員參考。

標準話術、準備資料請銀行幫你估價

房地產的鑑價雖需要實地勘查才能做，但由於實地鑑價需要的人力成本較高，加上實地鑑價也是基於銀行的行情資料庫去作加減分，所以在確定你的申貸意願之前，銀行都會先以地址查詢行情資料庫，並參考謄本上的坪數、屋齡、樓層等先初步估價。

以下是請銀行房貸業務初步估價須提供的資訊：

▶ 物件資料

包含地址、建物坪數、土地持分坪數、屋齡、類型（如：無電梯公寓、電梯大樓、透天、店面等）等。

▶ 物件謄本

謄本除了可以幫大家獲得許多寶貴的資訊外，對於銀行估價也

很重要。由於銀行專員業務繁忙，為了加快他們幫忙估價的速度，最好直接調好謄本，把謄本和詳細的坪數資訊提供給你想要詢貸款的銀行房貸人員。

👍 貸款人收入、信用等條件

由於房貸條件除了物件鑑價外，最重要的不外乎是貸款人的收入、信用條件。包含：年收入、在哪一家公司上班、有無其它貸款、名下有沒有房子、如果有，是否還有房貸？由於現在央行為了抑制某些區域的房價，嚴格限制銀行針對名下有房子且還有房貸的人，如要買第二間以上的房子，在某些區域，最多只能核貸六成，利息需在2%以上，且不能有寬限期。不過，如果名下的房子沒有貸款，則不受此限制，且可以將沒有貸款的房子列為資產，做為提高貸款成數和爭取利息的「財力證明」。

愛莉
貼心提醒

收入穩定有助提高貸款成數

有些人的薪資條件不是很高，但是是在千大公司上班，且年資在1年以上，或是在公家單位、醫院、學校等，對許多銀行來說仍是很優質的客戶，銀行會願意提高較好的成數和利息條件。

🏠 實際成交資訊

由於銀行的貸款成數是由「實際成交價」與「銀行鑑價結果」取其低者，所以銀行還是會參考該筆物件的實際成交資訊。如果你已經簽約，可以提供合約價格給銀行參考，如果還沒有簽約，可以告知有可能成交的價格供其參考。

通常我詢估價大多會先打電話跟銀行的窗口聊聊後，再發Email或簡訊提供詳細資料。下面就是我常用的內容格式，只要填入你的情況就可以詢估價了，是不是很簡單呢！

_____ 先生（_____ 小姐）您好，有個貸款想請您評估：_____（縣）市 _____（鄉／鎮）區 _____ 路（街）_____ 巷 _____ 弄_____ 號 _____ 樓（註明是無電梯公寓或電梯大樓或透天）權狀 _____ 坪，（如有加蓋再加註）另有 _____（例如：頂樓加蓋、外推、夾層等）_____ 坪，原始屋況簡易裝潢（或有裝潢）。這幾天會議價，預估成交總價為 _____ 萬，（如有仲介再加註哪一家）仲介是 _____（信義、永慶、住商、中信…等業者，）貸款人在 _____ 上班（如是千大企業或上市櫃公司另外再加註），年收入約 _____ 萬，名下沒有其他貸款，想要貸款 _____ 成，（如需要申請寬限期）寬限 _____ 年，請問估價估不估的到？條件大約如何？謝謝。

聯徵資料很寶貴，不要輕易授權銀行調閱

　　詢完估價後，如果銀行的估價和你心目中的目標價差不多，甚至還比較高的話，就可以放心議價囉！確認成交後，除了仲介和代書會協助詢問貸款銀行外，你也可以針對之前回覆條件較好的幾家銀行自行詢問，並重新提供以下資料供銀行評估：

▶ 收入資料

　　最近6個月的薪轉存摺封面和內頁（須先補登存摺）或是去年的扣繳憑單。

▶ 財力證明

　　最近一年常往來的銀行存摺封面和內頁（須先補登存摺，由於銀行主要要看存摺餘額，並確認不是為了貸款臨時存進去的，所以可以提供餘額較多

且往來3個月以上的1～2家銀行存摺影本）、定存證明、股票和基金明細（可以用網路銀行列印股票和基金的持股明細給銀行參考，雖然因股價波動較大，銀行通常不認列資產，但仍有加分作用）、保險合約影本等，確認你有存款和可供變現的投資，讓銀行提高你的還款能力額度。

買賣資料

買賣合約影本、買賣合約價金流程，如匯款單和支票影本，證明買賣確實存在。

如果有提供保證人，則除了上述文件外，還須要提供保證人的收入資料、財力證明給銀行。

除了貸款人和保證人提供的資料外，為了調查每個人的信用資訊，各個金融行庫和金融聯合徵信中心串連（簡稱「聯徵」），每

銀行在鑑價時，會參考同區房子的價格，也會實地勘查屋況。

個人的貸款金額、每一張信用卡的未付款金額、是否有當保證人、最近3年是否有逾期繳款紀錄、最近12個月有無預借現金、有無被任何銀行拒絕往來…等資訊都可以在聯徵中心查詢到。基於個人資料隱私，金融行庫如要調閱你的聯徵資訊，需要取得你的同意。

記得！在還沒有確定要貸哪一家前，先不要填貸款申請書，也不要提供貸款人的身分證影本或授權銀行調聯徵喔！

因為聯徵報告也會顯示最近3個月的「被查詢紀錄」，如果最近3個月被密集的調閱聯徵記錄，表示你有貸款的需求，但是可能收入信用條件不佳，其它家銀行提供的貸款條件都不好，所以才會密集的詢問其它家銀行，所以在聯徵記錄中「被查詢紀錄」最好越少越好。可以先初步比較各家銀行給的估價和貸款條件，等確定要申請貸款時，再授權其中條件比較好的1～2家填貸款申請書，並授權其調聯徵即可。

誤踩地雷，貸款成數少兩成，利息調升1％！

確認申請貸款後，補上貸款申請書、個人身分證影本、收入資料、財力證明、合約影本就完成申請囉！收到你的申請資料後，銀行會開始進行以下的步驟：

👍 資料審核與調閱聯合徵信

針對你提供的文件銀行將進行審閱，並調閱聯合徵信，審核你的信用條件。

👍 實際鑑價

銀行的鑑價人員或業務將實地勘查物件，請仲介或屋主協助帶看，基於屋況、銀行的行情資料庫和該筆買賣的實際成交價格去

作加減分，得出鑑價報告。

確認核貸金額、利息條件，並與貸款人和保人照會

核貸人員將參考貸款人提供的收入、財力證明、聯徵資料和鑑價報告得出貸款條件，包含核貸金額、貸款年數、利息、是否提供寬限期等，並回報給你。如確定要貸款，銀行照會人員會約定時間打電話與貸款人和保證人照會，確認有此貸款申請。照會的目的是為了確認是貸款人和保證人本人，所以照會時會詢問物件地址、樓層、坪數、買賣金額、房屋使用用途貸款金額、頭期款金額和支付時間等。此外，為了確認你有在上班，有償款能力，照會人員通常會打公司電話給你進行照會，避免貸款人已經離職。

由於目前央行打房，銀行對於投資客的貸款條件通常不會太好，銀行通常會在照會時試探了解你是自住還是投資。我有一個朋友他名下已有一間房子A，目前戶籍是在爸媽家B，他和老婆剛買了一間房子C，打算將C登記在老婆名下，申請8成的貸款，由他當老婆的保證人。資料審核、鑑價都沒有問題，到了最後一關，銀行照會時問他：

「你目前是住在A房子還是B房子？」

他回答：「B房子」，

「那A房子現在作什麼用途？」

他誠實地回答：「租給別人」。

雖然他強調C房子是為了自住，但銀行還是認定他是投資客，最後貸款只核貸6成，利率調整為2.8%，取消寬限期！

他匆匆忙忙送了第二家銀行，這一次照會他回答他目前住在A，因為戶籍一直沒去遷所以還是在爸媽家B，他和老婆買C是為了換屋，搬家後A房子會賣掉。

這一次，這家銀行核貸8成，利率1.88%，寬限期2年！照會上

的失誤竟然讓貸款成數少兩成，利息調升1%！照會前一定要沙盤推演一次！如果照會時怕銀行問太多，可以委婉地說自己等一下要開會，要長話短說，這一招很好用，可以學起來喔！

👍 簽約對保

如果前面流程進行順利，最後銀行房貸業務就會與貸款人和保證人約時間當面親自簽約和對保。這個流程須要本人親自出席。對保約需要半小時到1個小時，要事先安排時間。

👍 撥款

簽約對保後，銀行就會將核貸金額進行撥款。如前屋主有未償還的房貸，銀行會先代為償還剩餘貸款金額，其它的餘額才會撥入履保帳戶或是賣方的戶頭。完成撥款後，代書就會進行過戶和交屋的流程，交易也即將完成囉！

買屋關鍵問

Q 如果調聯徵時名下有其他貸款怎麼辦？

A 一般來說，如申請房貸時名下還有其他借貸的確會影響房貸申請的額度，畢竟，如果你本來已經有使用其他貸款，要說服銀行你的財力實力很好，的確有點困難。如果調閱聯徵時你名下有未還完的信貸，可以先跟家人情商先借一筆金額還完信貸餘額，並跟銀行申請「清償證明書」，向銀行告知貸款已經還清，在確認申請貸款時將「清償證明書」正本提供給房貸銀行即可。

成為銀行眼中的A級客戶

Tip 有些壽險公司提供的優惠房貸比銀行更好，
一定要多比較。

提高貸款條件的6個小撇步

看了上述的貸款流程，你是否察覺到一個關鍵點：即使物件條件再好，如果貸款人的信用、收入等條件不理想，也無法爭取到好的貸款條件。貸款人的授信條件不管對於房貸或信貸都非常重要。為了提高授信條件，以下有幾點要特別留意：

1.維持良好的薪轉記錄

曾經有一位補習班英文老師申請房貸時遇到了困難，打電話來找我諮詢。一問之下，知道她擔任英文老師已經好幾年，收入不錯也很穩定。但是因為補習班發薪水習慣給現金，也沒有幫老師提報薪資，所以每年扣繳憑單上的數字都很低。她存了幾年的錢終於買了一間房子，卻提不出薪轉的存摺記錄，也沒有漂亮的扣繳憑單等報稅資料可以提供給銀行參考。即使她請補習班提供在職證明與薪資證明書，銀行還是無法全部認列。最後，我建議她請收入較好的家人當她的保人，增加自己的授信條件，她請姐姐幫忙，才爭取到了想要的額度。

維持良好的薪轉記錄可以說是爭取貸款很重要的條件之一。如果你領的薪水都是現金，記得要拿去銀行存，並在存款條上備註

付款單位的名稱（一般備註欄可以顯示6個中文字），這樣刷簿子時可以看到備註，做為薪資入帳的證明。

此外，由於薪轉的簿子在申請貸款時會提供影本給銀行參考，**所以平常最好不要將存款用罄，不然銀行會認為你是月光族，入不敷出，影響自己償債能力的評分。**

買屋關鍵問

Q 如果我去年的收入比今年好, 貸款時可以參考去年的收入嗎？

A 由於銀行提供的收入資料通常以最近6個月的薪轉紀錄或是去年的扣繳憑單取其一即可，所以，如果你在未更換公司的前提下，去年的收入條件較今年佳，或是你每個月的薪水雖然不高，但定期都有獎金入帳，所以年薪較月薪所呈現的還高，那麼，你可以選擇提供去年的扣繳憑單做為收入證明。甚至，如果你過去幾年的收入都很好，還可以授權銀行去國稅局調閱你過去幾年的收入清單，為你的償債能力加分喔！

2.提高最近3個月的財力證明

如果你有買房子的計畫，可以先跟家人情商先借一筆金額存入你的帳戶，可以使用定存或活期存款，等3～6個月後如有買房子，可以提供給銀行作為財力證明，等貸款下來後再還給家人。

3.提供保證人

一般而言，保證人的還款能力可以和貸款人合併計算，所以如果可以提供收入和信用條件好的保證人，將有助於爭取較好的貸款條件。有些銀行為了避免貸款人為記名登記的人頭，所以要求保證人必須為二等親內的親屬。不過，仍有些銀行對保證人資格沒有規範，可以善用保證人來提高自己的授信條件。

4.若名下有房子，且仍有房貸，最好將原來的房子過戶給家人或改以家人名字買屋

　　受央行打房影響，目前如果你名下已有一間以上房子，且仍有房貸，在某些區域要再申請其他間房子的房貸時，貸款成數最多只能核貸六成，利息需在2%以上，且取消寬限期的優惠。如果你有這些區域的買屋需求，最好將原來的房子過戶給其他家人或改以家人名字買屋（尤其如果已經結婚，可以贈與給另一半，不須贈與稅），避免影響貸款條件。

5.如有信用貸款，要先還掉

　　一般而言，信用貸款會影響房貸申請的額度，但是房貸較為常見，大部分人買房子都會使用房貸，且有房子做抵押，所以房貸比較不會影響信貸申請的額度。如果你名下有未還完的信貸且有買房子的計畫，可以先跟家人情商先借一筆金額還完信貸餘額，等房貸下來後再辦信貸還給家人。也有些人希望房貸和信貸都能爭取到最好的條件，會在沒有信貸的情況下，於送件房貸時，一併送件申請信貸，這樣房貸和信貸銀行在調閱聯徵時都不會看到貸款，比較容易提供較好的貸款條件。

6.增加與貸款銀行的往來

　　為了增加自己在銀行眼中的優良記錄，建議可以找目前較常往來的銀行（如：薪轉銀行、信用卡銀行）詢問房貸，平常存款後盡量不要去提款，累積存款餘額，記錄看起來比較好看。當你與該銀行的往來越頻繁，你的貸款條件議價能力也會越高喔！

　　此外，除了銀行行庫外，許多壽險公司也有承辦房屋貸款，而且不需是保戶。**如果你有貸款需求，不妨詢問幾家壽險公司是否有提供優惠房貸方案，有些比起許多銀行行庫條件更好喔！**

Q 當保證人會影響自己債信條件嗎?

A 保人可以分為「一般保證人」和「連帶保證人」。「一般保證人」的擔保責任比較輕一點,如果貸款人沒有償還貸款,銀行必須先將抵押的房子法拍,法拍後的價金抵銷剩餘貸款不足的部分才可以向「一般保證人」求償。而如果是「連帶保證人」,擔保責任比較重一點,如果貸款人沒有償還貸款,銀行可以直接轉向「連帶保證人」求償,不需等房子執行法拍。

雖然都是擔任保人,「一般保證人」擔保的金額不算他名下的債務,但是「連帶保證人」擔保的金額卻會算在他的名下喔!因此,擔任「連帶保證人」後,他自己的債信條件會變差,未來要貸款時額度也會減少。為了保護消費者,現在的銀行不能主動要求貸款人提供「連帶保證人」,所以大部分的保人都是屬於「一般保證人」。儘管如此,在提供保人時還是留意一下是哪一種喔!

關鍵 3 貨比三家不吃虧，選對房貸省下100萬元！

Tip 房貸種類多，多做功課吧！

　　房貸的方案百百種，在申請之前，最好先了解各種種類差別。大家通常以為利息越低越好，其實房貸的條件還有是否需要綁約、有無寬限期、貸款年限、貸款金額、是否需加買保險…等。

　　房貸方案有幾種分類方式，光是依照利息是否浮動、利率結構就可分為以下種類：

種類 1　利息是否浮動

　　有的貸款利息是浮動的，有的則是固定的。固定利息通常比較高，但比較沒有未來升息的風險。依照「利率是否浮動」的標準，可分為以下三種房貸方案：

👍 指數型房貸（比較常見，又稱為「浮動型房貸」）

　　指數型房貸利率＝定儲利率＋加碼利率，利率隨著市場利率變動而機動調整，一般來說只要央行沒有升降息，利率幾乎不會波動，<u>適合有規律薪水的上班族</u>。

👎 固定型房貸

利率固定，不受利率上漲、下跌的影響。一開始的利息通常較指數型房貸高，但因利率固定不變，在目前央行可能升息的情形下，可避免升息風險。由於房屋貸款的年限大多為20～30年，幾乎沒有銀行提供這麼長期間的固定型房貸，大多僅提供一定期間的固定利率，期滿之後則改為「指數型房貸」。**適合預算有限且準備長期還款的首購族、雙薪家庭和預期未來利率可能走升的人**。

👍 組合型房貸

結合固定與機動利率，可自由搭配金額比重。**適合想省息又想規避升息風險的人**。

種類2 利率結構也不同

除了「利率是否浮動」外，依照「利率結構」，還可分為以下幾種房貸方案：

👍 一段式房貸

貸款期間的利率均用相同計算方式計息，通常搭配「指數型房貸」使用。相較於二、三段式利率，前兩年的利率雖然較高，但長期來看利息較優惠，**適合還款能力佳的人**。

👍 二、三段式房貸

將還款期間分做二或三段，採取不同的利率計息。如果是二段式，第一段通常為前2年，第二段為為第3年起。如果是三段式，第一段通常為前6個月，第二段為第7～24個月，第三段則為第3年起。通常二、三段式的利率結構，前2年利率通常低於一段式利率，但第3年起通常會支付較高的本息負擔，**適合希望前兩年利息負擔較輕的人**（例如：兩年後就想換屋）。

◤ 利率遞減型房貸（比較少見）

依據顧客繳息情形提供利率回饋。房貸利率依指數型房貸計息，若顧客每月按時繳息，利率即享有減碼優惠。**適合雙薪家庭、有固定還款來源者，或是對利率敏感度較高的上班族或避險族等。**

我有一個學員買了一間台北市的預售屋，總價約3500萬元，因為後來工作異動，過戶交屋後就計畫出售。建商配合的銀行提供貸款8成，利息1.86%，算是很低，但是需要綁約3年，如未滿3年提前解約，需支付貸款金額的1.5%做為違約金。後來我建議他找不用綁約的銀行（後來他找台銀），一樣貸款8成，利息1.99%雖然較高，但是交屋後三個月內就出售，利息相差不到1萬，卻省下42萬元的違約金。

還有一個學員，因為名下已有房子，再買第二間時想要貸款1500萬元，因為有二屋的問題，本來問了一家銀行利率2.3%已經覺得很低了，我給她另外一家銀行窗口，只有2%，30年下來利息省了100萬！「貨比三家不吃虧」，在貸款時更是鐵律喔！

買屋關鍵問

Q 「歐洲央行閃電降息1碼」、「中止連續16次升息，央行宣佈降息半碼」…請問半碼、1碼是多少？

A 在全球各國利率升降單位1碼均為0.25%，半碼則為0.125%。如果你的房貸利息本來是1.86%，升息半碼後即變為1.985%，如果你的貸款金額是1000萬元，每年增加的利息金額約為1.25萬元，相當於每月增加約1000元。

買屋基本功 房貸常見小問題

Q1：有充足的資金買房，到底要不要貸款？

即使你現金充足，平常也沒有投資理財需求，但是為了增加資金運用的彈性，建議還是可以申請「抵利型房貸」或「理財型房貸」。因為已經用現金支付完總價款項，所以平常不計任何利息。但如果有一天真的有資金需求時，可以用相當於房貸的利息，去動用資金，並可隨時動用、隨借隨還按日計息，不用去申請房子增貸（通常會有申請費用），也不用動用到信用貸款（利息通常比房貸高出2～3倍不等）。在不多付利息的情況下，保留自己的資金彈性，何樂而不為？

Q2：夫妻買房，由誰當貸款人，誰當保證人比較好呢？

由於房貸可以透過「一般保證人」的加持來增加貸款授信，且不會占用保人自己的貸款額度，可以好好善用喔！不過，該由誰當房子的貸款人、誰當保證人，也是有學問的喔！

例如：如果先生年收入100萬，太太年收入50萬，現在想買一間總價1200萬的房子（想申請8成房貸），考慮到未來可能還有購屋置產的需求，如果夫妻兩人目前名下都沒有其他任何房產，也沒其他貸款，建議這間房子可以先買太太的名字。太太的收入雖然較低，但是透過先生當「一般保證人」，等於兩人的年收入加總有150萬，加上先生目前名下沒有任何貸款，所以可以幫太太加分不少！等這間房子過戶，太太的貸款也辦好後，太太名下有一筆960萬的房貸，而先生只當「一般保證人」，因此這筆房貸不算在先生名下，加上房子僅登記太太名字，所以先生名下沒有房子。未來如有買第二間房子的需求，就算在央行規範的區域內，先生也不受「第二屋」貸款限制，加上名下沒貸款，收入又比較高，所以不需要太太當保人，銀行貸款條件也會不錯喔！

利用房貸,
讓銀行提供投資的銀彈

Tip 需要資金彈性運用,可選擇不同的房貸。

房貸產品越來越多元化,有些銀行推出的房貸方案結合了理財、儲蓄、保險等工具,增加貸款靈活的運用,加速房貸清償時間、減少利息支出,對於高資產族群特別好用:

房貸總類多,教你聰明選

理財型房貸(循環動用型房貸)

一般房貸還款後的本金部分不能再動用,而理財型房貸的還款本金會轉換為循環額度,雖利率較一般房貸略高,但可隨時動用、隨借隨還按日計息,不動用不計息,活化不動產,擁有更多資金運用的彈性。**適合有理財規劃、短期投資、房屋修繕及備用金需求者,或者中小型企業人士。**

我有一個學員,在三年前買進在台北市民生社區的住家,由於先生不喜歡貸款,因此總價3000多萬元全部以現金支付。後來學習投資理財,發現房貸利息相對很低,便請銀行針對房子進行貸款評估,發現可以貸款2600萬元。

由於金額不小,每月負擔的利息不低,她詢問我的意見,我建

議她選擇「理財型房貸」，平常不動用時不必計息，如有發現好標的需要資金，再動用房貸，只要投資報酬率大於房貸利息就有獲利空間，避免因為利息壓力反而「病急亂投醫」，胡亂投資，失去了貸款的意義。她聽了我的建議，改申請「理財型房貸」，並爭取了一個不錯的利率，目前使用貸款的金額投資了兩個標的，都有不錯的增值，而且動用的金額不到1000萬，還有近2000萬的額度當她未來投資的銀彈，只要現金流和風險管理得宜，真的是很不錯的資源！

👍 抵利型房貸

「抵利型房貸」和「理財型房貸」有點相似，都是有動用時才會計息。不同的是，「理財型房貸」是動用房貸還款後的本金部分，而「抵利型房貸」則是以存款來折抵房貸本金，以減少利息支出，達到降低每月攤還金額或縮短還款年限的效果。如果臨時面臨資金需求，還是可以動用該筆存款。**如果你有存款，不想增加房貸負擔，但又希望保留資金運用彈性的人，「抵利型房貸」就很適合你喔！**

👍 保險型房貸

與保險結合的房貸產品，保費通常較一般定期壽險為低，若承貸戶意外身故，則等同於房貸金額的保險理賠金，可優先償還房貸，避免不動產因無法按時繳交本息，房子遭法拍的風險。**如果貸款人是家裡主要的經濟支柱，可以考慮「保險型房貸」。**

👍 保證保險型房貸

當房貸核貸金額不敷需求時，利用「額外投保」的方式，增加貸款金額。房貸戶可透過保險取得不足的金額，而銀行業者也可透過保證保險，將風險轉嫁給保險公司。**適合自備款不足或信用條件不足的人。**

本息平均攤還？本金平均攤還？搞懂了嗎？

一般房屋貸款年限分為20年（較常見）或30年，現在有些銀行甚至開始承作40年房貸。年限這麼長，攤還金額的計算方式分成以下兩種：

👍 本息平均攤還

在利率不變的條件下，每月攤還本金與利息的總合固定，還款預算較易掌握，是目前市面上較常見的還款方式。**適合固定薪水、每月預算固定的上班族。**

👍 本金平均攤還

每月攤還之本金固定，但每月償付之利息則逐月遞減，由於期初還款金額較多，因此可節省較多的利息支出。**如果你手邊有比較多現金，希望越付越輕鬆的話，可以選擇本金平均攤還喔！**

看了上面的房貸種類介紹，是否覺得頭昏眼花呢？雖然第一次看可能覺得很複雜，但只要了解房貸規則，就有機會幫自己省下百萬利息，是不是該好好花1～2小時研究一番呢？除了貸款方案外，政府不定期有優惠房貸資訊，如符合青年首次購屋或換屋需求也可以向銀行詢問喔！

房貸試算超簡單，輕鬆算出每月還款金額

以上是房貸的相關知識。這時候大家會問：「如果我沒有各家銀行的房貸窗口，要請誰幫我估價呢？」如果你真的沒有窗口，可以打電話到各分行請總機轉接房貸部，請房貸專員幫你估價。不過，這樣詢問出來的貸款條件通常不會很好喔！正所謂「有交情好辦事」，如果你有家人、朋友曾經辦過房貸，不妨請他提供業務窗口，直接找推薦的業務詢問會比較有利喔！

政府的優惠貸款方案

除了了解貸款的種類，其實政府也有住宅補貼方案和購屋優惠方案可以使用喔！如果您是公家機關正職員工，可優先考慮「築巢優利貸」，如非公家機關，可參考「住宅補貼方案」與「青年安心成家」，如符合條件，最高可補助優惠利息貸款達720萬喔！

貸款項目	住宅補貼方案	青年安心成家購屋優惠方案	築巢優利貸 (輔助公教人員購屋貸款)
承作機構	多家銀行、農漁會、信合社、壽險公司，詳見公告	台銀、土銀、合庫、第一、華南、彰化、兆豐及台灣中小企銀	國泰人壽
目前利率	第一類：0.842% 機動 第二類：1.417% 機動	前兩年：1.72% 機動 第三年起：2.02% 機動	1.75% 機動
年齡限制	已婚者 20 歲以上，未婚者須年滿 40 歲	20 歲以上	依國泰人壽鑑估辦法核定
每戶額度	220 萬	500 萬	依國泰人壽鑑估辦法核定
貸款年限	最長 20 年	最長 30 年	最長 20 年
寬限期	最長 5 年	最長 3 年	最長 5 年
利率計算	第一類：按中華郵政二年期定儲機動利率固定減0.533% 機動調整（目前為 0.842%） 第二類：按中華郵政二年期定儲機動利率固定加0.042% 機動調整（目前為1.417%）	前二年：按中華郵政二年期定儲機動利率加0.345% 機動計息（目前為1.72%） 第三年起：按中華郵政二年期定儲機動利率加0.645% 機動計息（目前為2.02%）	按中華郵政二年期定儲機動利率加 0.375% 機動計息（目前為 1.75%）

利率適用條件	第一類：經主管機關認定符合下列條件之一者： 1. 低收入戶 2. 特殊境遇家庭 3. 育有未成年子女三人以上 4. 於安置教養機構或寄養家庭結束安置無法返家，未滿二十五歲 5. 六十五歲以上 6. 受家庭暴力或性侵害之受害者及其子女 7. 身心障礙 8. 感染人類免疫缺乏病毒或罹患後天免疫缺乏症候群 9. 原住民 10. 災民 11. 遊民 12. 其他經中央主管機關認定者 第二類：不具第一類條件者。		須為公家機關正職員工
申請條件	· 年滿 20 歲。 · 符合下列家庭組成之一： 1. 有配偶者 2. 與直系親屬設籍於同一戶者 3. 單身年滿 40 歲者 4. 父母均已死亡，戶籍內有未滿 20 歲或已滿 20 歲仍在學、身心障礙或沒有謀生能力之兄弟姊妹需要照顧者	借款人年齡在 20 歲以上，且借款人與其配偶及未成年子女均無自有住宅者。 （沒有限定一生一次，也不限首購，只要購屋申請時符合以上條件即可）	1. 中央及地方各機關、公立學校及公營事業機構編制內員工。（不含軍職及約聘僱人員） 2. 提供本人或其配偶之不動產設定地依順位抵押權予銀行作為擔保（共購不動產僅限定本人與其配偶）。

	・本人、配偶、戶籍內之直系親屬及其配偶，均無自有住宅者。或僅持有一戶於申請日前2年內購買並伴有貸款之住宅。		
購屋限制	1.住宅所有權移轉登記日應在提出本貸款申請日之後或提出本貸款申請日前2年內。 2.建物登記謄本、建物登記電子謄本、建物權狀影本、建築使用執照影本或測量成果圖影本主要用途登記應含有「住」、「住宅」、「農舍」、「套房」或「公寓」字樣。	自本原則實施後所購置之住宅	依國泰人壽房貸放款規定
申請時間	每年7～8月，留意政府公告	實施日期至103年底，必要時得予以延長	102/1/1～103/12/31（因承作機構可能更改，逾期可再查詢是否仍由國泰承作）

資料來源/政府網站, 以上數據僅供參考, 如有變動, 依各機關或金融機構公佈之利率及方案為準。

第8章

搞懂稅法,
買屋賣屋稅費省很大

聰明節稅有方法, 教你精打細算, 省荷包不省生活品質!

買不動產,
一定要把稅制先搞懂

Tip 奢侈稅罰很重,一定要誠實申報。

考考你!何謂「實價課稅」?

有一天,朋友看到一則新聞,提到實價登錄後實價課稅已經開始實施,最近剛要換房的她立刻打電話來問我:「愛莉,聽說實價課稅上路了耶!是真的嗎?」

我說:「實價課稅不是新的稅法,本來就有!它是『財產交易所得稅』正確的計算方式,只是在實價登錄以前,政府不知道我們房子買多少錢,當我們賣房子時也不知道賺多少!所以以前『財產交易所得稅』有兩種算法,一種是『實價課稅』;另一種是『簡易算法』,用房子的公告現值乘以各區的稅率來計算。」

「哇!也太複雜了吧!所以實價課稅以後,如果我買賣房子賺了100萬,這100萬通通都要繳稅囉?」朋友問。

我笑著說:「呵!不會那麼多啦!**賣房子時,房屋和土地是分開繳稅的。因為賣房子已經繳了土地增值稅,所以財產交易所得稅的部分,只要計算房子的獲利就好,土地的部份不用計算。**」

朋友很納悶:「那我怎麼知道我賺的那100萬裡面有多少是房子賺的,多少是土地賺的阿?」

「呵呵!所以實價課稅的計算,會將賣房子賺的錢,乘以一個比例:『房子的評定現值』佔『房子和土地的評定現值總和』的

比例來計算。如果比例算出來是20%的話，100萬裡面只有20萬需繳稅，如果你的稅率是30％，就要繳6萬。」我說明給她聽。「原來還要乘以這個比例阿！新聞怎麼說的這麼恐怖！」朋友恍然大悟。的確，大部分看到「實價課稅」，第一個浮上腦海的就是「賺多少就要課稅多少」，可是，卻忘了土地和房子是分開計稅的。只要查一查財政部的網頁，上面就有完整詳細的說明喔！

簡單口訣記下來：「契印土財」

不過，房子相關的稅費，總是讓人頭昏腦脹。為了好記，我自創一個口訣：「契印土財」，分表代表買房子時要付「契稅」、「印花稅」、與賣房子時要付的「土地增值稅」、「財產交易所得稅」。在學習稅務前，下面這幾個專有名詞要先搞清楚：

👍 房屋評定現值

每年「房屋稅」單上會看到每間房子的評定現值，每三年會調整一次。

👍 建物核定契價

政府依照「房屋評定現值」核定出來，和「房屋評定現值」數字一樣。

👍 土地公告現值

每年1月1日公告，作為政府課徵「土地增值稅」和徵收私有土地補償地價的依據。

👍 申報地價

每三年調整一次，於1月1日公告，每年「地價稅」單上會看到該土地的申報地價，做為政府課徵「地價稅」的依據。

「土地公告現值」與「申報地價」不同，不要搞混囉！

👍 契稅 (過戶前代書會先幫你算好)

買賣、贈與的契稅都是以當年的「房屋評定現值」×6%計算,注意!是用「房屋評定現值」而不是市價喔!「房屋評定現值」通常低很多!

例如:房屋課徵現值100,000元,契稅則為100,000元×6%＝6,000元

👍 印花稅 (過戶前代書會先幫你算好)

除了契稅,買房子還要繳印花稅。買賣的印花稅以「建物契價」和「土地公告現值」的1／1000的計算。

例如:建物契價100,000元,土地公告現值為20,000元／平方公尺,土地面積為1,000平方公尺,權力範圍為1／10,則印花稅則為（ 100,000元＋20,000元×1,000×1／10 ）×1／1000＝2,100元

不管是契稅、印花稅,代書在過戶前會幫你算好請你匯款,所以絕對不會漏掉喔!

賣屋稅費

土增稅、財交稅請代書幫你試算最安心!

賣房子的稅費計算方式應該是所有房地產稅費中最複雜的。尤其是土地增值稅,很容易算錯,賣房前最好請代書幫忙算。每家仲介分店都有幾位長期配合的代書,有些甚至自己聘任代書,為了爭取你能委託他們出售,通常都很樂意幫客戶先試算稅費。如果你房子坐落的土地不只一筆（表示土地權狀不只一張）,記得提醒代書,避免漏算。如果還是怕算錯,可以請兩家仲介協助。

👍 土地增值稅（過戶前代書會通知你金額，由你去繳，或從履保帳戶中的價金代繳）

　　把土地移轉給別人時，因土地增值所課徵的稅。依照一般稅率和自用住宅稅率，課徵的土地增值稅不同。此外，「土地增值稅」的計算基礎為「土地公告現值」，和「地價稅」依照「申報地價」為計算基礎不同。在過戶前代書會通知你金額，請你去繳。因為公式很複雜，我個人從來不自己算，因為算了我也不確定有沒有算對，呵！所以我總是交給專業的代書。

愛莉貼心提醒

我買過一間房子，賣方在簽約後才發現當初代書試算給他的土地增值稅有誤，原來那間房子坐落的土地有三筆，可是代書只有計算到兩筆，兩者相差竟有20幾萬。由於合約都簽了他也反悔不了，我不知道屋主後來如何跟仲介談判，這件事倒是讓我學到：計算土地增值稅，還是多問幾家的好。

👍 財產交易所得稅（次年5月報稅要自己申報）

　　買賣房子如有賺錢，就要繳「財產交易所得稅」，將財產交易所得納入個人所得稅中，於賣屋次年5月申報綜和所得稅時申報。計算方式分成屋、預售屋而有不同：

●成屋

　　在實價登錄以前，政府不知道我們房子買多少錢，當我們賣房子時當然也不知道我們賺多少。所以以前「財產交易所得稅」有兩種算法，一種是「官方簡易版」，用房子的公告現值乘以各區的稅率來計算。另一種才是「實價課稅」，由我們自行舉證房子買賣的價格，扣掉裝潢、買賣稅費之後，看賺多少就課多少。財產交易所得稅的部分，只要計算房子的獲利就好了。一般而言，由於買賣契約書上的價款為房、地總價，所以應以房地買賣價差，按房屋評定現值占土地公告現值及房屋評定現值合計數的比例計算財產交易所得或損失（也就是說依照房、地比攤計房屋的課稅所得

繳稅）所以不管是下面哪一種方法，你都會發現只針對房子的部分申報喔！

●官方簡易版

房屋財產交易應稅所得 ＝ 房屋核定契價 × 核定標準稅率

房屋財產交易所得稅 ＝ 房屋財產交易應稅所得 × 個人綜合所得稅累進稅率

各縣市政府的標準稅率不同，以2014年申報2013年的稅率來看，可以參考下表：

102年度個人出售房屋財產交易所得標準

直轄市	區域	102年房屋所得額比率(%)
台北市	高級住宅（依「臺北市房屋標準價格及房屋現值評定作業要點」第15點規定認定為高級住宅者）	48%
	其他區	42%
新北市	板橋區、永和區、新店區、三重區、中和區、新莊區、土城區及蘆洲區	33%
	汐止區、樹林區、泰山區及林口區	30%
	淡水區及五股區	23%
	三峽區、深坑區及八里區	19%
	鶯歌區、瑞芳區、石碇區、坪林區、三芝區、石門區、平溪區、雙溪區、貢寮區、金山區、萬里區及烏來區	14%
台中市	西屯區	24%
	西區、東區及南屯區	18%
	南區	17%
	北屯區	15%
	中區及北區	14%
	豐原區、太平區	13%
	大里區、烏日區及霧峰區	12%
	后里區、神岡區、潭子區、大雅區、沙鹿區、大甲區、清水區及龍井區	10%
	梧棲區	9%
	東勢區、新社區、石岡區、外埔區、大安區、大肚區及和平區	8%

台南市	東區、北區、安南區、安平區及中西區	15%
	南區	14%
	永康區	13%
	新營區	10%
	鹽水區、白河區、柳營區、後壁區、東山區、麻豆區、下營區、六甲區、官田區、大內區、佳里區、學甲區、西港區、七股區、將軍區、北門區、新化區、善化區、新市區、安定區、山上區、玉井區、楠西區、南化區、左鎮區、仁德區、歸仁區、關廟區及龍崎區	8%
高雄市	鼓山區、三民區、新興區及前金區	24%
	苓雅區及前鎮區	23%
	左營區	22%
	小港區	21%
	鹽埕區、楠梓區及旗津區	20%
	鳳山區	16%
	鳥松區及仁武區	12%
	大社區、岡山區及橋頭區	10%
	林園區、大寮區、大樹區、燕巢區、田寮區、阿蓮區、路竹區、湖內區、茄萣區、永安區、彌陀區、梓官區、旗山區、美濃區、六龜區、甲仙區、杉林區、內門區、茂林區、桃源區及那瑪夏區	8%

桃園縣	桃園市、中壢市、八德市及蘆竹鄉	20%
	平鎮市及龜山鄉	16%
	楊梅市、大園鄉、大溪鎮及龍潭鄉	12%
	新屋鄉、觀音鄉及復興鄉	8%

市 (即原省轄市)	新竹市	17%
	基隆市及嘉義市	15%
縣轄市	新竹縣竹北市	13%
	彰化縣彰化市	11%
	其他	10%
鄉鎮	金門縣各鄉鎮	12%
	苗栗縣竹南鎮及頭份鎮	10%
	彰化縣員林鎮、大村鄉、永靖鄉及社頭鄉	9%
	其他	8%

附記/1.計算基礎依房屋評定現值為準。

2.適用對象以未申報或已申報而未能提出證明文件者。

3.若有變動，依政府公布的最新資訊為準。

●**核實認定版**（實價課稅）

房屋財產交易應稅所得＝（售價－買價－買賣房屋時支付之一切必要的費用）×房子的評定現值／房子和土地的評定現值總和

買賣房屋時支付之一切必要費用：包含契稅、印花稅、土地增值稅、代書費、規費、監證或公證費、仲介費、修繕裝潢費等。

房屋財產交易所得稅 ＝ 房屋財產交易應稅所得 × 個人綜合所得稅累進稅率

採用這個方法應該檢附買進、賣出之實際買賣合約，且附上收付價款之紀錄或憑證（發票或收據）。如果你實際買賣房子沒有賺錢，就可以提供單據證明沒有獲利，不需要繳交財產交易所得稅。

哪個划算？簡易版、核實版比一比

一般而言，官方簡易版所計算出來的稅額較低，所以一般多以其計算申報。不過，實價登錄以後，政府開始針對一些有實價登錄的案子，調查出售的的報稅狀況。其實，實價課稅沒有那麼恐怖，有時候核算起來還可能比官方簡易版的計算結果還低喔！我們來舉個實例計算說明：

南港某一間新成屋，請教代書後，確定其土地公告現值8,524,967元，房屋評定現值1,177,600元。N年後換屋轉賣，扣除所有的費用後，賺了200萬元，到底實價課稅會被課多少稅呢？

●用「官方簡易版」（房屋評定現值）計算

●房屋評定現值1,177,600元 × 南港區適用稅率42%＝494,592元再納入所得稅去申報。

●假設綜合所得稅稅率是30%，494,592元 ×30%＝148,378元

●用「核實認定版」（實價課稅）計算：

●土地公告現值 8,524,967 元，房屋評定現值 1,177,600 元，因此（房屋評定現值）/（房屋評定現值＋土地公告現值）＝ 12.137%。房地比例是 12.137%。

●因售屋賺了 200 萬元，所以用 200 萬 ×12.137%＝ 242,740 元，併入所得稅。如果綜合所得稅稅率是 30%，等於次年報稅要繳 242,740 元 ×30%＝ 72,822 元

哇！沒想到實價課稅居然還比較便宜一半耶！驚訝嗎？不妨把你的地址給代書，請他提供土地和房子的評定現值讓你算算看喔！

愛莉貼心提醒

必須以「核實認定版」報稅的房子

目前法規規定，以下房屋須以「核實認定版」報稅，否則須以實際房地總成交金額，按出售時的房屋評定現值占土地公告現值及房屋評定現值總額的比例計算歸屬房屋收入，再以該收入之15%計算其出售財產交易所得：
*台北市或新北市，房地總成交金額8000萬以上
*台北市及新北市以外地區，房地總成交金額5000萬以上

●預售屋：

由於預售屋還沒有過戶到名下，也還沒有房地的正式產權，所以無法依官方簡易版的房屋核定契價去計算，只能依照實際成交價格版的計算方式，而且無法分算房子佔房地總價的比例。

例如：小張以1000萬元買了一間預售屋，在交屋前即以1100萬出售獲利，買賣所衍生的仲介費和換約費共計10萬，則其需申報的財產交易所得＝（1100萬－1000萬－10萬）＝90萬

如其所得邊際稅率為20%，則其次年需繳的財產交易所得稅＝90萬×20%＝18萬

必看！
三大族群的節稅撇步

Tip 節稅撇步一定要學會，讓你報稅省很大！

房貸族 善用「自用住宅購屋借款利息扣除額」，每年報稅省9萬！

每年五月又到了所得稅申報的時候。如果你目前房子為自用，且有辦房貸，可以列舉扣除購屋借款利息，每年上限最高為30萬元。每一申報戶以一屋為限，並以當年實際支付的房貸利息支出，減去儲蓄投資特別扣除額後的餘額，申報扣除。

申報條件

①　符合「自用住宅」的條件。（所有權人或配偶、受扶養直系親屬於該地辦竣戶籍登記，且於出售前一年內無出租或供營業用之房屋）

②　以納稅義務人、配偶或受扶養親屬名義登記為其所有。

需檢附文件

①　金融機構之借款利息單據正本

②　戶口名簿影本

例如：

王先生在98年支出的購屋貸款利息共60萬元，但他在銀行的利息收入有5萬元，在申報購屋借款利息時，需以60萬元減去5萬元，得到餘額55萬元，因為超過申報額度上限的30萬元，因此以30萬元作為「列舉扣除額」申報，假設他的邊際稅率是30%，就省下9萬囉！

換屋族 善用「自用住宅重購退稅」，退稅20萬！

如果你有換屋的行為，只要在完成移轉登記日起2年內，重購自用住宅之房屋，而且買價超過原出售價格（例如：以小換大、以舊換新），那麼你可以在重購自用住宅房屋完成移轉登記之年度，依法申請將原本繳的「財產交易所得稅」和「土地增值稅」退還。先購後售者，也有適用喔！

👍 申報條件

① 不論買進或賣出的兩間房屋皆須符合「自用住宅」的條件。（所有權人或配偶、受扶養直系親屬於該地辦竣戶籍登記，且於出售前一年內無出租或供營業用之房屋）

② 納稅義務人已將出售自用住宅之財產交易所得於出售年度之綜合所得稅申報繳納。（原財產交易所得如已自財產交易損失中扣抵者不在此限。）

③ 購屋的價格必須高於出售價格。

④ 兩間房屋產權登記的時間必須在2年以內。

⑤ 都市土地最大適用面積是300平方公尺，約合90.75坪，非都市土地最大適用面積是700平方公尺，約合211.75坪。

⑥ 新買房屋的土地移轉現值總額，須超過賣舊屋的移轉現值總額扣除所繳納土地增值稅後有餘額，才能申請土地增值稅退稅。且重購後5年內，都須作自用住宅，有戶籍登記。不能改變用途、出租他人或遷出戶籍，也不可移轉他人，否則會被追繳原退還的土地增值稅。

需檢附文件

① 出售及重購年度之戶口名簿影本，證明出售及重購房屋是自用住宅。

② 重購及出售自用住宅房屋的買賣契約，或是檢附向地政機關辦理過戶的契約文件影本，及所有權狀影本，以證明重購價格高於出售價格，而且產權登記時間相距在2年以內。

例如：

陳先生在100年3月9日出售自用住宅房屋一棟，該房屋買進成本為400萬元，賣出價額為500萬元，繳納的土地增值稅和財產交易所得稅合計為20萬元。如陳先生在101年12月23日購買自用住宅房屋一棟，價額為550萬，如其他條件皆符合「自用住宅重購退稅」的要求，陳先生可申請退稅20萬元。

資產族 遺產稅、贈與稅都有節稅省大錢的方法

① 遺產稅節稅，1000萬遺產稅變成300萬！

買房子和買保險一樣，都可以合法節稅，尤其是高資產族群。假設你有遺產1億元，如不考慮免稅額，你要繳10%遺產稅──1000萬！如果你拿這1億買房地產，由於遺產稅是以房屋和土地的評定現值計算，1億元的房子可能變成不到3000萬元的資產，乘以10%，遺產稅立刻變成300萬，真是省下一大筆，而且將來也可以藉由房地產的增值，保障下一代。

② 贈與稅節稅，二等親內每年220萬贈與免稅額

除了遺產稅外，許多長輩希望善用每人每年220萬的贈與免稅

額，分批將自己的資產贈與給小孩。如果要贈與的金額是2000萬元，如果贈與的標的物是現金，要分很多年分批贈與才能免稅。**如果拿這2000萬去買房子，由於贈與價值是以房屋和土地的評定現值計算，比市價低很多，就不用分這麼多年了。**

值得注意的是：免稅額220萬元是贈與人在同一年度「每年每人」各次贈與行為累計計算，所以不管有幾個小孩，爸爸和媽媽都只能有220萬元的免稅額。

假設爸爸名下有一間房子，市價1200萬元，土地公告現值是300萬，房屋評定現值是80萬，那他可以先贈與一半的產權給媽媽（夫妻之間的贈與不須課稅），然後再由爸爸媽媽共同贈與給子女（（300萬+80萬）÷2 = 190萬 < 220萬，不需繳贈與稅）。

如果贈與價值超過免稅額，則超出的部分需要繳交10%的贈與稅，或可以分好幾年分比例贈與給子女。

愛莉
貼心提醒

不動產繼承注意事項

雖然透過不動產可以節省遺產稅與贈與稅，但對於繼承人和受贈人來說，未來出售房地產時，如以「核實認定版」報稅，必須以「房屋評定現值」與「土地公告現值」的總和作為取得成本，申報所得會提高很多，這也是為什麼許多人還是寧願用「親屬之間的買賣」，而不使用遺產或贈與的方式。

買賣房屋的其他費用

除了「契」、「印」、「土」、「財」外，買賣房子還有一些費用要支付。

買屋時所需的規費

仲介費	房屋總價的1%～2%
代書費	通常買房子的代書費是由買方支出較多,包含簽約費（買賣雙方各1000元）、土地建物移轉登記（12000元,每增加一筆建號或土地或登記名義人加收1500元）、抵押設定登記費用（4000元～5000元,每增加一筆建號或土地或登記名義人加收500元～1000元）。合計大約為18000元～20000元,可以先以2萬估算。
履約保證費用	總價的萬分之六計算,由買賣雙方平均負擔。1000萬的房子的「履保費用」雙方各負擔3000元。
登記規費	為當年度土地申報地價總額千分之一,與當年度評定建物現值千分之一計收,另外加上書狀費用每張80元。

賣屋時所需的規費

仲介費	房屋總價的2%～4%
代書費	賣方需要支出的代書費為簽約費（1000元）、抵押權塗銷登記（2000元～3000元）,兩者加總可以先以4000元估算。
履約保證費用	總價的萬分之六計算,由買賣雙方平均負擔。1000萬的房子的「履保費用」雙方各負擔3000元。

房屋持有稅費：房屋稅、地價稅

除了買賣房子要繳稅,持有房子期間也有兩個稅要繳喔!

房屋稅（每年5月收到帳單）

國稅局於每年5月會對房屋所有人課徵房屋稅。依照不同房屋使用用途,課徵的房屋稅不同,屋主會收到房屋稅單,直接拿稅單去便利商店等繳費單位繳交即可。

例如：房屋評定現值為200,000元，使用用途為住家，其房屋稅則為（200,000元×1.2％）＝2,400元

●住家用：**房屋現值×1.2％**

●非住家營業用：**房屋現值×3％**

●非住家非營業用：**房屋現值×2％**

●營業減半（合法登記之工廠供直接生產使用之自有房屋）：**1.5％**

地價稅（每年11月收到帳單）

國稅局於每年11月會對土地所有人課徵地價稅。依照一般稅率和自用住宅稅率（須遷入戶籍外，並到稅捐處辦理自用住宅申請），課徵的地價稅不同，地主會收到地價稅單，直接拿稅單去便利商店等繳費單位繳交即可。

●一般稅率：**當期申報地價×10／1000**

●自用住宅稅率：**當期申報地價×2／1000**

買屋關鍵問

Q 每年要繳交房屋稅和地價稅，如果中途賣掉了，當年度的房屋稅和地價稅該由買方還是賣方付呢？

A 為了公平起見，代書會將當年度要繳交的房屋稅和地價稅先算好，然後依照賣方持有的天數除以365天，去計算比例，由賣方先把金額給買方，由買方於每年5月收到房屋稅單、11月收到地價稅單時再去繳即可。

奢侈稅罰很重，一定要誠實申報

漏報奢侈稅，被罰150萬元

去年有一則新聞：陳先生名下只有一間房子，住不到2年要換屋就賣了。代書確認他與父母同住且有辦理自用住宅後，一再打包票不會有奢侈稅的問題，沒想到賣屋後沒多久卻收到國稅局奢侈稅的單據，因為房子登記所有權人為陳先生，但卻只有陳先生的父母遷入戶籍，陳先生本人戶籍並未遷入，因在2年內賣屋所以必須課奢侈稅97萬元，加上沒有誠實申報，所以要再繳0.5倍的罰金近50萬元！因為不懂稅法，賣房子居然被罰150萬元！

很多人覺得奢侈稅很複雜，其實只要掌握幾個重點，就簡單許多喔！

6個重點，幫你理清奢侈稅

① 奢侈稅的計算方式是用出售總價來計算。非自用住宅如果在1年內轉手，則課徵出售總價的15%的奢侈稅；在1～2年間轉手，則課徵出售總價的10%的奢侈稅。

② 夫妻與未成年子女視為同一單位，合計有一間以上房子，就適用奢侈稅。不過如為換屋，先買新屋再賣舊屋，只要舊屋在新屋登記後1年內出售，並3個月內戶籍遷到新屋，且無出租或營業，則無奢侈稅。

③ 就算夫妻與未成年子女名下只有一間房子，2年內出售本人也必須在簽約前將戶籍遷進去，否則就當成不是自用住宅，必須繳奢侈稅。(奢侈稅計劃修法，未來還需提供自住的證據，才可免奢侈稅)

④ 2年的計算方式是以買入時過戶登記日期和售屋時的合約日期兩者來判斷。所以如果在2011/5/1登記取得房子，2013/4/15簽約出售，2013/5/15過戶給買方，仍算2年內出售喔！

⑤ 如果房屋有出租或營業行為，就算期間沒有收租金或是屋主有遷入戶籍，也需繳交奢侈稅。如房子為部分出租，部分自用，則須依出租的部分按比例繳交奢侈稅。

⑥ 預售屋因為還沒有過戶到名下，所以交屋過戶前的買賣不算奢侈稅。

奢侈稅金額高，如果沒繳還要被罰0.5倍罰金，買賣時一定要特別留意喔！

房東族需繳納租賃所得稅

由於房租屬於所得的一種，必須納進每年五月的綜合所得稅中誠實申報。房屋出租雖有收入，但也有費用，所以所得稅的計算方式必須以租金扣除成本後，再乘以適用的所得稅率。公式如下：

$$租賃所得 = 租金收入 - 費用$$

$$租賃所得稅 = 租賃所得 \times 所得稅率$$

「費用」的計算有以下兩種方式，兩者取其高，做為租賃所得的計算：

① 不列舉必要的損耗及費用 財政部頒定之必要損耗及費用標準為租金收入之43%也就是：租賃所得＝租金收入×57%

② 列舉租賃合理而必要的損耗及費用 可分別針對房屋折舊、修理費用、保險費、地價稅、房屋稅以及利息等, 分別列舉申報。

舉例：陳小姐有一間房屋出租，每月租金收30,000元，陳小姐適用20%的所得稅率，請問她要繳多少租賃所得稅？

> 年租金收入 = 30,000 元 ×12 = 360,000 元
> 租金所得 = 360,000 元 ×（1 － 43%）= 205,200 元
> 租賃所得稅 = 205,200 元 ×20% = 41,040 元

此外，在二代健保下，如果你的房客是法人（如：企業、公司、學校、基金會），而且每月租金超過5000元，還需要額外繳給政府2%的「補充保險費」，可以選擇由房東或房客繳喔！

$$補充保險費 = 未報稅前的租金收入 \times 2\%$$

財商是一種生活態度，
學會就是你的本事

買不起房子？24歲小資女晉升包租婆！

有一次接受數位時代創業之星的專訪，我提到：「就是因為現在房價這麼高，所以更要學習如何買房子。」

的確，現在房價之高，變成了台灣人首屈一指的痛苦指數來源。以內政部統計的房價年所得比（購買房屋總價除以家庭月所得乘上12個月）來看，2013年第三季台北市的房價年所得比為14.7倍，表示購買的房屋總價約為15年的家庭所得。新北市是11.4倍，桃竹地區為7.4倍，台中7.6倍，台南5.8倍，高雄7.3倍，台灣整體調查地區為9.2倍。住展雜誌甚至於2013年9月發佈「購屋壓力指數」，以台北市預售屋與新成屋的平均房價每坪約86.6萬元，乘以40坪三房的總價約3464萬元後，除以主計總處公布的30到34歲受薪階層，年可支配所得約48.3萬元、雙薪夫妻合計約96.6萬元，台北市購屋壓力指數飆上新高的35.8，得不吃不喝35.8年才買得起；如要在信義、大安及松山等三區置產，更得花超過半世紀時間。

看到這一類的新聞，我常常覺得很納悶，台北市的房子這麼多，為什麼要用預售屋與新成屋的平均房價來計算呢？如果是無電梯公寓，除了單價少近一半外，由於公設比低，坪數只要近30坪就可以買到三房，壓力幾乎降低到剩下1／3。

而且，以30到34歲受薪階層的薪資作為分母，現代都會人結婚、生子的晚，一般這個階段大多需要2房的空間，壓力又少了1／4，未來真有更大的空間需求再換屋就好，不用一次購足。

「住者有其屋」是每個人的基本需求, 但因應高房價的來臨, 在購屋前一定要先做好功課。

　　但是, 這類的新聞標題就像集體意識一樣地灌輸給大部分想買房子的人, 導致兩種極端的現象, 一種是「覺得現在不買以後就更買不起」一窩蜂買房的人, 另一種則是想到房子就覺得很痛苦, 排斥房地產的任何資訊, 但買房的需求還是存在, 感到既憤怒又無助。

　　我有一位同事, 叫做Oma, 去年曾經被某知名周刊專訪。24歲剛從研究所畢業的她, 透過學習財商和房地產, 透過企畫書跟股東 (都是她的朋友) 募資300萬, 投資了人生中第一間隔套收租, 扣掉房貸和給股東的利息後, 每個月幫自己加薪3萬元, 而且兩年後賣掉, 扣掉給股東的利潤外, 預計還有近百萬的獲利可以當她下一間房子的頭期款。當她的故事報導出來後, 有些讀者覺得很佩服, 也有些讀者覺得她槓桿太大, 鋌而走險, 還有人懷疑這是假的故事。

　　而對於看著她從學習房地產、尋找物件、議價、設計裝潢、佈置和招租完整過程的朋友來說, 都知道這過程中她付出多少努力、經歷過多少困難。

答應接受媒體採訪的她，其實也經過一番掙扎。沒有人喜歡把自己攤開，尤其在這個對投資客人人喊打的社會裡，可以想像她心中承受的壓力有多大。

我問她，為什麼願意接受採訪？她說，她想以她的例子讓其他也想買房子，但因為房價很高覺得很無助，甚至對買房失去希望的年輕人，能夠發現原來有更多的可能性，可以幫自己創造頭期款，累積第一桶金。更讓我佩服的是，雖然有了房租的加薪，她還是很乖的存錢，工作上也很認真。她說2014年她想買下自己自住的房子，對於這樣一個對夢想如此認真堅持的女孩，我真的很敬佩。

安居樂業，住者有其屋，資者有其利

我曾經在課堂上說過，我覺得人生中最棒的是就是「安居樂業」。我有許多朋友，都有這樣的價值觀，也在生活中實踐。

我的好姐妹Grace，在工業電腦公司擔任歐洲區的業務，經常到歐洲出差，總能把客戶關係經營得很好，自己的生活也井然有序，是我認識的朋友中最優雅的一位女生，溫柔婉約，也有幽默感，常常說說笑笑鬧在一起。

還有一位好朋友Tina，從產品部門的助理一路成為外商電腦公司的產品經理，個子嬌小的她穿起套裝像是小孩玩cosplay，做起事來卻很俐落，結婚後生了一個可愛的女兒。

我的壽險顧問朋友Albert，從電腦業轉行到保險業，為客戶（包含我）規畫了完善且C／P值很高的保單，總是為客戶著想，對於房子的議價很有一套，有兩個可愛的孩子，還有兩台寶貝的Peugeot改裝車，認真工作之餘也常帶家人出去玩，現在創業擔任壽險顧問。

這些朋友都有一個共通的特色：專注在自己的本業，認真創造價值，工

作穩定之後就開始學習理財、買房子，也很重視家庭生活。生活雖然不見得富裕的讓人欣羨，但小康、踏實的過日子也是一種平凡而真實的幸福。

我很欣賞的一位房地產專家紅色子房曾經提過一個理想：「住者有其屋，資者有其利」，我深有同感。讓每一個有自住需求的人都能買到適合的房子，而有資金資源的人可以透過收益型的房地產標的，藉由出租、資產活化的過程創造現金流，讓原本閒置的老屋或大樓得以創造更大的效益與價值。這也是我常說房子不自己用的話就出租，不要囤房，因為房子的價值在於使用，而不是閒置。

房子是許多人心目中的夢想，除了陷在矛盾、恐懼、貪婪的情緒外，我們可以更平心地看待這件事。我有一位學員Eddie說得好：「所謂等適當的時機進場，其實就是在你有能力負擔頭期款，並有穩定收入遠足以負擔每月的貸款時就是了。」

所以，先放下心中的恐懼吧！

我相信認真在本業上發光發熱，創造價值，加上學習理財，穩穩實作，財富就會隨之而來。從家裡負債，到累積資產之路，謝謝一路上幫助過我的老師、同學、仲介、代書、工班和許多好朋友。我透過學習、規劃，一步一步完成夢想，也希望將我學會的分享給大家，讓買賣房子成為人生美好的經驗。

買了第一間黃金屋之後

■Penny家管, 35歲

　　2013年4月，我去上了House123的房地產課程，因為這樣的一個課程在我們家發生了很大的化學作用。在上課之前，總覺得買房是一種沉重的負擔，龐大的貸款會造成資金運用上的壓力，也因此，房地產在眾多投資選擇中總是被我們遺忘或屏除在外，每每認真的看房挑選物件之後，又猶豫不決無法下定決心買房。所以雖然一直都有看房的興趣與習慣，但卻沒有買下任何一間黃金屋，錯過了不少很好的投資標的。直到上課後，我對房地產的看法竟然完全改觀了，因為上了課在我心中種下了小小的種子，這個種子讓我主觀的認定只要買到了流動性佳的好產品，房子就不是「不動產」。

　　一個心境的轉變竟然在上課後的短短的半年內，我們買了在台灣第一間投資的黃金屋，並且在交屋後的一個月內很快的找到了好房客出租了，而教練在上課中提到，只要租金夠付利息，加上地段保值，就是一個可以投資的標的，這一點我們真的做到了！這真的是很大的一個投資上的轉變，我們無形中多了一個很棒的投資選擇與工具！

　　House123的課非常的淺顯易懂，但卻又包羅萬象。教練很無私地將她對房地產多年的觀察與心法透過靈活的上課方式讓學員們學習吸收。還記得第一堂課上課後對房地產看法完全改觀是第一個大震撼，接下來鉅細靡遺的觀念傳授更是讓我對投資房地產的學習更上一層樓！而課程中還安排了緊張刺激的限時看房物件分享以及預售屋的議價競賽，透過各種靈活的課程設計讓我們更完整的學習房地產的相關知識！上完課還真的意猶未盡獲益良多！

　　課程中教練所提供的很多資訊與投資評估的表格，在我買房的過程中也發揮了很大幫助，一直到上課後的現在我還一直使用著，同時在看屋過程中

教練也樂意分享她的看法與經驗，House123的學員間也可互相交流討論看屋心得，這也是上課後的額外收穫！不只如此，上課的效益還持續發酵。

以前在看預售屋都是為了美美的樣品屋而去，很容易被建商或代銷所包裝的外表所吸引，現在還是有去看預售屋的習慣，但看屋的方向與內容卻完全不同，更能看清房子的本質，也更了解預售屋銷售的流程與代銷玩的行銷技巧。這是去上課前所沒有的體驗與收穫，也讓我在看屋及議價功力上都增進不少。真心推薦不管是想要買到自住幸福窩的人，或是想置產投資的人都可以親自體驗這樣的課程，一定會有意想不到的收穫！現在！也就是上課後的一年內，我們的房產投資延伸到預售屋的店面！這是上課前所未能想像到的！我只能說～這真是太神奇了！

很開心House123開了一個這麼實用的課程，也讓我覺得投資自己來上一堂房產相關的課程相當值得！

想買到最低點？永遠碰不到好時機

■Eddie 電子業, 36歲

當初，我是抱持著如何選擇一間好房的心態在挑選課程，最後選擇了去上了購屋錦囊課程。因為從未買過房子，對買屋前後過程的知識都是片面模模糊糊。想去上這課程的想法很簡單，一間要價數百萬甚至數千萬的房子，若事先用相對很少的學費就學習到，並規避以後可能會發生的許許多多問題，如交屋程序、法律糾紛、品質問題，再看遠一點像是投資眼光問題等等，那豈不是很好？

透過上課，除了房子相關知識的分享，另外還有學員實際看屋、談判、殺價，這些都不是從文字面可以學習到的知識。要強調的一點是，購屋錦囊

團隊在課程的編排很用心，講義部份也是花了很多心思準備，幾乎所有買屋前後過程可能碰到的問題跟細節都有帶到。

再者，我覺得除了上述的課程知識外，課程中提出一個鼓勵年輕人要趁早買房的觀念。基本上，我覺得鼓勵年輕人在有能力時先買房（置產）是一個對的觀念。相信大家都知房地產長期來看是持續增值的，有人堅持一定要在低點買進，但他有真的買在低點？還是永遠在觀望？在這觀望中，錢的價值是一直在縮水的。

所以，我覺得所謂「等適當的時機進場」，其實就是在你有能力負擔頭期款，並有穩定收入遠足以負擔每月的貸款時就是了。所以，買房應該重視的是挑個對的座落地區，總不希望土地持續上漲時，而選的地區價格是不動，甚至下降的。另外就是房子各種的面向問題、品質問題以及合法性問題了。

當然，教練有特別叮嚀，在提早買房的目標下，還是得有完善的財務規劃。雖然這不是課程主要目的，但特別提醒學員雖然買房重要，但一定是要在能力許可下的才去做的。謝謝愛莉！

5間套房收租，一圓房東夢

■Angela　科技業, 51歲

第一次接觸愛莉教練是在一次房地產的分享會上，年輕、認真、熱情、孝順是我對她的第一印象。為甚麼會知道她孝順呢？因為她的第一間隔套出租是為了讓媽媽能退休不用再工作了！

參加 House123的課程緣起於要規劃退休後的收入，參考了House123的課程簡介，大綱實用紮實，不做二想便報名了，上課過程中愛莉帶領大家由大方向到小細節，其中實際的看屋、議價都是之前沒有接觸過的，相當實用。

我今年最大的收穫就是認識了House123，認識了愛莉教練。「當房東」

這個想法我多年前就有了，但一直裹足不前，沒有經驗、沒有信心是障礙，沒有好的實施計畫更讓我心慌慌。知識就是力量，愛莉教練給了我知識、給了我力量。我大膽在8月上課期間便在愛莉的協助下買了生平第一間投資的房子，從評估到改套無論是工班、佈置、刊登廣告等，House123的購屋錦囊課程都應用到了，再加上愛莉無私的提供她的經驗，我等於是直接複製愛莉的成功版本。更棒的是，五間套房在裝潢完成後，三個禮拜內就租掉了四間，更讓我信心大增！

我圓了多年想收租做房東的夢，謝謝House123，謝謝愛莉教練，希望愛莉提高在這業界的知名度，協助更多的人圓夢。

一堂課幫我省下50萬

■Shannon Liao　保險精算業, 29歲

由於每天的工作就是打滾在數字堆裡，對衡量自己該用多少錢，適合買多少價位的房子還蠻有概念的。但買房子不只是你有多少錢而已，如何買到一間好的房子、買到合理的價位及減少買賣糾紛，都有很多眉角。購屋錦囊的內容，每一個章節都很務實。從物件好壞、行情判斷、議價心態及簽約細節都能讓你通盤瞭解。當你遇上什麼問題，打開對應的錦囊就能胸有成竹。

更重要的是教練不只是傳道授業，不管你在買屋的哪個階段，隨時都能諮詢解惑。我的第一間房子就是上這堂課才能省下近50萬元。

當初下斡旋隔沒幾天仲介就打來說離屋主的價格還差100萬，並說會居中協調兩邊各退一步，我加50萬，屋主降50萬，一時心急差點就答應，應付一下後隨即打電話問教練才確定那只是仲介拉抬價錢的話術。於是教練教我回電給仲介說：「我是真的有誠意談，屋主也有意願的話見面談」，這樣才能保留加價空間，最後只加5萬就成交。很感謝購屋錦囊課程及教練團隊的協助，這是個真正願意站在買方設想的系統。

購屋錦囊 實戰班

比武功祕笈更有用!幫助你成為房產達人

買賣一間房子動輒好幾百萬甚至上千萬,學到一招省下來的錢都是上課的好幾十倍。從入門開始,由淺入深,第一堂課就先解析你適合哪個買房策略!帶你了解房地產的遊戲規則與投資方式,搭配實戰練習與實際案例讓你深度了解預售屋、新成屋和中古屋的關鍵祕密。完整六周針對你的購屋需求,教你如何看屋、議價,練好基本功,學會買房所需的各種知識。

課程特色

◆ 4次上課親授＋2次實戰教學:瞭解目前是否為買房時機,釐清自己的條件。上午學習完內功,下午直接實戰演練!

◇ 完整購屋錦囊:搭配書與錦囊作業的進度,一次搞懂預售屋、新成屋與中古隔套收租,自住投資皆適宜。

◆ 課後作業:每週皆有課後任務(功課)要完成,打好必要的基礎功!

◇ 完成作業獎勵:完成後交回給教練還可領取神秘禮物 (內含房地產私密資訊)。

◆ 隨身教練:搭配專屬教練,隨時詢問,針對你的問題提供方法與解答。

◇ 線上討論:FB祕密社團,各班資源分享 (區域行情、看屋議價技巧交流,隨時提供最新資訊)。

◆ 1次免費一對一諮詢:課後針對自己需求的區域,可挑選物件與教練一對一專屬諮詢討論。

課程大綱

周別	時間	面授須出席	大綱
1	週五晚上	✓	房地產的策略分析 & 選擇
2	錦囊與作業		房地產的基本功 ■ 看房子霧煞煞?記住這幾招,買房不再當菜鳥 ■ 看不懂行情,別說你學過房地產! ■ 你也能成為區域行情分析專家 ■ 如何調閱謄本與計算坪數
3	週六整天	✓	上午上課,下午實際看屋 自住等增值 / 整層收租 / 隔套收租 ■ 中古屋看屋、議價有技巧,第一次買房就上手 ■ 整層收租 / 隔套收租:賺租金又賺價差
4	錦囊與作業		買完房子後,房貸和裝潢也要學 ■ 房貸大學問,省下百萬利息差很大 ■ 裝潢 = 裝修 + 風格,超高 CP 值裝潢術
5	週六整天	✓	上午上課,下午實際議價競賽,挑戰去 預售屋投資 ■ 預售屋增值術 - 分期付款,累積千萬資產 ■ 預售屋投資 - 用現在的價格,買 2 年後的新屋
6	週六下午	✓	■ 小資本購屋術 & 實際案例分享、預約教練一對一諮詢

- 課程實況 -　　- 實地看屋 -

● 實地走訪看屋訓練
● 議價技巧大公開
● 搖身成為房屋達人

你將能得到 ...

1. 瞭解自己適合哪一種買房策略

2. 打通任督二脈,瞭解房地產的遊戲規則

3. 學會分析行情與超強出價技巧

4. 瞭解建商、代銷、屋主與房仲的心態,順利買到超值好屋

5. 獨一無二的議價實戰經驗,加速你的買房信心

6. 清楚所有代書、履約保證與稅費問題

7. 得到教練御用的各大銀行貸款窗口,享有超低房貸利率

8. 各班學長姐推薦之設計師與工班推薦名單

9. 擁有房地產的合作夥伴,事半功倍

10. 學會了眉角,你還能為親友購屋的把關小幫手

ᕼouse123 讓購屋錦囊協助你實現買房夢想!

購屋錦囊

持本書報名可享 2000 元折價優惠

1. 購屋錦囊不定期開班, 詳細時間表請洽 House123官網查詢
2. 報名請至官網活動頁面, 身份請勾選「持書者」, 即可享2000元之持書折價優惠
3. 本折價卷恕不兌換現金, 或與其他優惠合併使用
4. 若有任何課程問題, 請洽 House123 客服專線詢問。電話 (02) 8772-8090

www.house123.com.tw

課程專線:02-87728090 蔡小姐　客服信箱:service@house123.com.tw
主辦單位保留課程與講師異動調整之權利,最新課程詳情以 House123 活動網站為主
https://www.house123.com.tw/course/

國家圖書館出版品預行編目資料

買一間會增值的房子 / 邱愛莉著.
-- 第一版. -- 臺北市 : 文經社, 2014.06
面；　公分. -- (富翁系列 ; M017)
ISBN 978-957-663-721-6(平裝)
1.不動產業 2.投資

554.89　　　　　　　　　103008663

文經社
富翁系列 M017

文經社網址 http://www.cosmax.com.tw/
www.facebook.com/cosmax.co 或「博客來網路書店」查詢文經社

買一間會增值的房子

著作人	邱愛莉
社長	吳榮斌
企劃編輯	林麗文
美術設計	龔貞亦

出版者　文經出版社有限公司
登記證　新聞局局版台業字第 2424 號
社址　241-58　新北市三重區光復路一段 61 巷 27 號 11 樓（鴻運大樓）

業務部
電話　(02)2278-3158
傳真　(02)2278-3168
E-mail　cosmax27@ms76.hinet.net
郵撥帳號　05088806　文經出版社有限公司

印刷所　通南彩色印刷有限公司
法律顧問　鄭玉燦律師 (02)2915-5229

定價　新台幣 380 元
發行日　2014 年 7 月　第一版　第 1 刷
　　　　2017 年 2 月　　　　　第 10 刷

8個買房賺房公式
一次公開！